NAVEGANDO O MOGI-GUAÇU

FUNDAÇÃO EDITORA DA UNESP

Presidente do Conselho Curador
Herman Voorwald

Diretor-Presidente
José Castilho Marques Neto

Editor Executivo
Jézio Hernani Bomfim Gutierre

Conselho Editorial Acadêmico
Antonio Celso Ferreira

Conselho Editorial Acadêmico
Cláudio Antonio Rabello Coelho
José Roberto Ernandes
Luiz Gonzaga Marchezan
Maria do Rosário Longo Mortatti
Maria Encarnação Beltrão Sposito
Mario Fernando Bolognesi
Paulo César Corrêa Borges
Roberto André Kraenkel
Sérgio Vicente Motta

Editores Assistentes
Anderson Nobara
Arlete Sousa
Christiane Gradvohl Colas

HILÁRIO DOMINGUES NETO

NAVEGANDO O MOGI-GUAÇU
A AGROEXPORTAÇÃO CAFEEIRA NO OESTE PAULISTA E A FORMAÇÃO DE UM MERCADO INTERNO REGIONAL (1883-1903)

© 2009 Editora UNESP

Direitos de publicação reservados à:
Fundação Editora da UNESP (FEU)
Praça da Sé, 108
01001-900 – São Paulo – SP
Tel.: (0xx11) 3242-7171
Fax: (0xx11) 3242-7172
www.editoraunesp.com.br
feu@editora.unesp.br

CIP – Brasil. Catalogação na fonte
Sindicato Nacional dos Editores de Livros, RJ

D718n

Domingues Neto, Hilário
  Navegando o Mogi-Guaçu : a agroexportação cafeeira no Oeste Paulista e a formação de um mercado interno regional (1883-1903) / Hilário Domingues Neto. - São Paulo : Ed. UNESP, 2009.

  Inclui bibliografia
  ISBN 978-85-7139-910-5

  1. Mogi Guaçu, rio (SP) - Navegação. 2. Companhia Paulista de Estradas de Ferro. 3. Navegação interior - São Paulo (Estado). 4. Transporte ferroviário de carga - São Paulo (Estado). 5. Café - Aspectos econômicos - São Paulo (Estado) - História. I. Título. II. Título: Agroexportação cafeeira no Oeste Paulista e a formação de um mercado interno regional (1883-1803).

09-0980
CDD: 386.309816
CDU: 656.62(815.6)

Este livro é publicado pelo projeto Edição de Textos de Docentes e Pós-Graduados da UNESP – Pró-Reitoria de Pós-Graduação da UNESP (PROPG) / Fundação Editora da UNESP (FEU)

Editora afiliada:

A todos que ajudaram a reconstruir parte de um passado construído com muito labor e sacrifício dedico este trabalho.

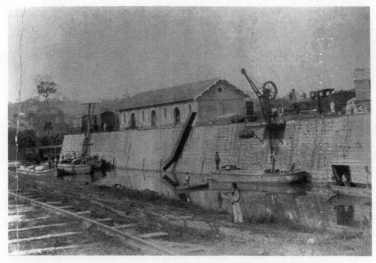
Vista do cais de Porto Ferreira (Foto: Arquivo do Museu da Companhia Paulista)

Mundo de mercadorias

O silvo ao longe anuncia,
O trem chega,
Para, arfa, silencia.
Desce e sobe,
Um mundo de mercadorias.

O vapor espera,
O trem chega,
O rio silencia.
Desce e sobe,
Um mundo de mercadorias.

Hilário Domingues Neto

SUMÁRIO

Prefácio   11
Introdução   15

1   A via fluvial na estratégia de expansão
da Companhia Paulista   21
2   O rio se ligou ao mar pelos caminhos de ferro   59
3   Mundo de mercadorias   103

Conclusão   171
Referências bibliográficas   177

Prefácio

Após a Segunda Grande Guerra Mundial, a interpretação estruturalista da economia colonial se tornou hegemônica durante as três ou quatro décadas seguintes. Expoentes clássicos como Caio Prado Júnior, Celso Furtado, Fernando Novais, João Manoel Cardoso de Melo constituem referências importantes do modelo interpretativo no qual as demandas do mercado internacional determinavam, de forma preponderante, os rumos da história nacional. Essa visão interpretativa fincou raízes profundas e marcou, sobremaneira, os debates políticos nas décadas de 1960 e 1970 a respeito dos rumos que a vida política brasileira deveria tomar.

Dos anos 80 do século XX aos dias de hoje, um novo paradigma interpretativo começou a ganhar força no âmbito da historiografia: o papel do mercado interno passou a ser visto não apenas determinado pelas circunstâncias internacionais, mas também pelas pressões internas vinculadas à própria vida da nação.

Os primeiros autores a apontar a problemática em direção ao estudo do abastecimento interno foram Alcyr Lenharo, que mostrou a participação de agricultores de alimentos sobre o poder político na Corte Imperial com o livro *Tropas da moderação* (1979), e Maria Yedda Leite Linhares, com *História do abastecimento: uma problemática em questão* (1979). A partir daí, inúmeros estudos começaram a surgir,

12 HILÁRIO DOMINGUES NETO

abordando essa questão, entre eles, *Ao sul da história* (1987), da professora Hebe de Castro, *Homens de grossa aventura*: acumulação e hierarquia na praça mercantil do Rio de Janeiro (1790-1830) (1990), do professor João Luís Ribeiro Fragoso, e agora, mais recentemente, *Um contraponto baiano*, do professor da Universidade do Arizona, Bert J. Barickman (2003).

O trabalho que ora se publica, *Navegando o Mogi-Guaçu*: a agroexportação cafeeira no Oeste Paulista e a formação de um mercado interno regional, 1883-1903, do professor Hilário Domingues Neto, caminha nesta última direção, ou seja, busca narrar o significado e as características desse mercado interno regional, que para uns era incipiente e reflexo e, para outros, relativamente, autônomo. Foi resultado de dissertação de mestrado do Programa de Pós-Graduação em Economia, Área de Concentração em História Econômica da Unesp de Araraquara. Trata-se de uma pesquisa que, para os dias atuais, foge aos padrões de dissertação, dada a vasta pesquisa efetuada em fontes primárias inéditas. Inúmeros e extensos relatórios da Companhia Paulista de Estradas de Ferro e Fluviais foram minuciosamente examinados e deles extraídas informações importantes sobre tráfego de passageiros, mercadorias de exportação (como o café) e de comercialização interna (como o sal).

O autor reconstitui minuciosamente a tecnologia empregada na construção das embarcações, dos estaleiros e dos portos fluviais de embarque e desembarque, mostrando a participação das escolas brasileiras de engenharia, do ensino tecnológico e dos engenheiros brasileiros criando e adaptando o emprego de novas tecnologias ao nível local. O tratamento dispensado aos trabalhadores fluviais também foi objeto de exame que mostra quão árduo e perigoso era o labor pioneiro nas docas dos portos fluviais.

Com uma ampla iconografia, o autor retrata, com muita fidelidade, de forma comovente e com cores épicas, o significado da implantação comercial da navegação fluvial nos finais do século XIX, na plenitude do alvorecer da modernidade brasileira.

A visão estratégica da Companhia Paulista aparece nos relatórios oficiais onde a integração regional – dos mercados da frente de expansão das regiões de Minas Gerais, Goiás e Mato Grosso – é pensada de forma associada aos mercados da frente pioneira do Oeste Paulista.

Os produtos que circulavam no mercado interno apresentavam-se, surpreendentemente, diversificados, com um volume de tráfego, em média, superior ao café, voltado à exportação! Havia também o problema do povoamento que a empresa se propunha resolver, ao criar o tráfego fluvial de passageiros. No entanto, a capacidade instalada da hidrovia não poderia competir com a da ferrovia em razão da economia de escala que acompanhava a evolução tecnológica desta última.

Esta pesquisa alinha-se à perspectiva da História Econômica e Social Regional, reconstituindo os primórdios da implantação da infraestrutura comercial dos mercados regionais e reconstrói também, de maneira subjacente, um pouco da história das técnicas e tecnologias empregadas no Brasil.

DORA ISABEL PAIVA DA COSTA

Introdução

Ainda que o Brasil seja um país de expressão territorial quase continental, com uma extensa costa marítima e um rico potencial hidrográfico interior, carece nossa historiografia de trabalhos que tratem da contribuição dos transportes pelas águas para a expansão das fronteiras agrícolas e urbanas e das atividades econômicas nelas articuladas.

O estudo que ora apresentamos traça um panorama crítico sobre a navegação fluvial mercantil que a Companhia Paulista de Vias Férreas e Fluviais instalou e operou no rio Mogi-Guaçu, de 1883 a 1903, período marcado pela expansão da economia cafeeira no Oeste Paulista.[1]

---

1 Cf. J. R. de Araújo Filho (apud Sallum Júnior, 1982, p. 9): "A região denominada Oeste Paulista é 'Oeste' em relação à capital paulistana e em oposição ao velho 'Norte', isto é, a parte paulista do Vale do Paraíba, por onde a lavoura cafeeira penetrou na então província de São Paulo. Cf. Fernando Henrique Cardoso (apud Madureira, 1999, p. 23): "A região denominada Oeste Paulista não corresponde rigorosamente ao oeste geográfico. Ela abrange a área que vai de Campinas a Rio Claro, São Carlos, Araraquara, Catanduva, na linha férrea da Companhia Paulista; e de Campinas para Pirassununga, Casa Branca e Ribeirão Preto, na Estrada de Ferro Mogiana. Historicamente, quando há referência ao Oeste Paulista, visa-se a região servida por essas duas estradas de ferro e seus ramais. A famosa terra roxa paulista espalha-se em manchas nesta área". (Figura 1)

16 HILÁRIO DOMINGUES NETO

Nessa iniciativa, a Companhia aliou ao emprego das mais modernas técnicas da navegação fluvial da Europa e América do Norte procedimentos da engenharia nacional na adequação de uma extensa hidrovia equipada com embarcações a vapor e integrada a seu sistema de transporte ferroviário.

A chegada dos trilhos da Companhia Paulista em Porto Ferreira em 1880 e a decisão da empresa, em 1883, de continuar a expansão de seu tráfego com o *hinterland* por um sistema fluvial, num momento de plena expansão das ferrovias, nos fizeram pensar no porquê dessa opção. Por sua vez, a sua desativação no espaço de duas décadas suscitou o questionamento sobre os motivos que levaram a empresa a tomar tal decisão.

O recorte temporal entre 1883 e 1903 seguiu o período de atuação da Companhia Paulista no transporte hidroviário do rio Mogi-Guaçu, da data de aprovação de seus estatutos (RCPVFF, 1883) até o final de sua atividade com a desativação da seção fluvial.

Recorrendo à historiografia, constatamos que Célio Debes já alertara, em 1976, para o fato de que na história da viação de São Paulo a bibliografia sobre as estradas de ferro vinha sendo ampliada, porém apontou a necessidade de se dar um tratamento separado à navegação fluvial (cf. Pinto, 1977, p.IX). Decorridas já três décadas, pode-se afirmar que ainda persiste tal lacuna.

A obra do engenheiro Adolpho Augusto Pinto, embora descritiva e informativa, conforme observou Caio Prado Jr. (1983, p.362), constitui-se numa exceção. O enfoque da "História da viação pública de São Paulo" sobre o desenvolvimento da viação paulista, do período colonial até o início do século XX, muito contribuiu para a contextualização de nosso objeto no interior desse processo.

Em suas memórias, obra também essencialmente descritiva, encontramos informações que contribuíram para a identificação da problemática sobre a implantação e a desativação da hidrovia (cf. Pinto, 1970, p.31-40).

Tendo em vista essa lacuna na sistematização de dados, percebemos que a questão da viabilidade ou não da navegação fluvial estava em aberto, ninguém havia ainda problematizado os dados de seu tráfego para encontrar respostas mais concretas sobre os resultados que ela ofereceu aos capitais investidos.

O trabalho de Flavio Saes (1981) sobre as ferrovias paulistas apresentou uma reconstituição histórica do período e uma metodologia no trato dos dados quantitativos e na análise qualitativa das causas do declínio das ferrovias no Oeste Paulista que serviram de orientação para a sistematização de nosso trabalho. Saes (1996, p.177) observa ainda a carência de estudos que enfoquem a relação das ferrovias com outras atividades.

O interesse da Companhia Paulista em ultrapassar a frente pioneira com a navegação e alcançar a frente de expansão da pecuária das vizinhas províncias de Mato Grosso, Goiás e Minas Gerais descortinou um dinâmico mercado interno regional, inserido no contexto da economia agroexportadora cafeeira do Oeste Paulista.

Diante da incipiente historiografia sobre o tema, do caráter descritivo, e da necessidade de aprofundamento das questões, partimos para a realização da pesquisa nas fontes primárias em diversos arquivos.

Na biblioteca do Museu da Companhia Paulista, em Jundiaí, pesquisamos os relatórios das assembleias dos acionistas da empresa, principais fontes de dados sobre a navegação fluvial. No Arquivo do Estado de São Paulo, os relatórios dos presidentes da província de São Paulo, e no Arquivo Edgard Leuenroth, os jornais da época.

Arquivos de outras instituições foram pesquisados de forma complementar, estando listados entre as referências bibliográficas.

Cabe aqui destacar o arquivo eletrônico disponibilizado pelo Projeto de Imagens e Publicações Oficiais Brasileiras do Center for Research Libraries e Latin-American Microform Project.[2] Nesse *site*, entre outros documentos importantes estão disponibilizados relatórios ministeriais dos presidentes de províncias e estados brasileiros.

---

2   Patrocinado pela Fundação Andrew W. Mellon, disponível em: <http:www.clr. uchicago.edu/info/brazil/index.htm>.

No Capítulo 1, procuramos identificar os motivos que levaram a Companhia Paulista a ter optado por integrar à sua via férrea uma via fluvial, ao estender seu tráfego pelo vale do Mogi-Guaçu.

Partimos da reconstituição histórica da navegação paulista, desde o período colonial, para compreender como essa se desenvolveu e como se articularam as iniciativas do Estado e de particulares, nesse tipo de empreendimento.

O estudo das atividades econômicas que se desenvolviam nas regiões próximas da fronteira paulista com as províncias de Mato Grosso, Goiás e Minas Gerais serviu para atestar o grau de importância da frente de expansão da pecuária, que se apresentava como um grande atrativo para os investimentos de capitais dos acionistas da empresa.

Esse capítulo se conclui com a busca de uma justificativa para a opção da Companhia Paulista em ter prolongado sua rede de comunicações pelo Vale do Mogi-Guaçu, por uma hidrovia integrada ao seu sistema ferroviário.

No Capítulo 2, enfocamos as condições tecnológicas que envolveram o empreendimento da navegação fluvial, de seu projeto à instalação, e de sua manutenção em funcionamento por cerca de duas décadas.

Nele procuramos reconstituir aspectos significativos da tradição naval do Brasil com o intuito de avaliar o estado da arte de nossa indústria naval, e se ela teria atendido às demandas de suprimento do material flutuante necessário à navegação fluvial da Companhia Paulista.

No Capítulo 3, centralizamos a análise do comportamento da seção fluvial ao longo dos anos em que atuou no rio Mogi-Guaçu.

A busca de respostas nos dados disponibilizados, em documentos de séries por vezes incompletas requereu um incansável trabalho de sistematização e análise, tarefa instigante a que se investe o pesquisador.

Ainda que as fontes evidenciem uma significativa preponderância nos dados relativos ao transporte de mercadorias, o que revela o seu caráter mercantil, a navegação também serviu de meio de deslocamento de pessoas em um mundo que transitava do escravismo para o colonato imigrante.

No estudo desse período, identificamos a presença de dois objetivos nas propostas da Paulista com a navegação fluvial: de um lado, criar uma infraestrutura eficiente de transportes que atendesse às demandas da economia cafeeira, tanto na exportação de café quanto no abastecimento das fazendas por outros produtos; de outro, atrair para o tráfego da empresa, pela via fluvial, o mercado da pecuária da frente de expansão que se encontrava instalada no sul de Mato Grosso, Goiás e em Minas Gerais nos limites com a província de São Paulo.

As flutuações da exportação de café pela via fluvial, ao apontarem um aumento progressivo de volume no período, mostram a estreita relação com as condições nas quais se desenvolveu a cafeicultura no Oeste Paulista, com a introdução da mão de obra imigrante, a modernização da agricultura na utilização de equipamentos mecânicos no trato do café e o emprego de meios de transportes mais eficientes, como a ferrovia e a hidrovia (cf. Saes, 1981, p.70; Cano, 1983, p.42).

Ainda que o café apresentasse essa importância, ao quantificarmos as flutuações do tráfego das mercadorias na seção fluvial, foi a presença da circulação de "mercadorias diversas" que, em termos de volume, apresentou índices significativos, superiores em média aos do café. Esse fato, como veremos, nos chamou a atenção para a ruptura nesse momento com o modelo explicativo colonial que identificava a *plantation* como uma unidade autossuficiente (Fragoso, 1998, p.78).

A análise nos sugeriu a presença de um mercado interno regional de expressão num momento em que a economia agroexportadora se encontrava em plena expansão no Oeste Paulista.

Lista de abreviaturas

AEL	Arquivo Edgard Leuenroth – Unicamp.
CMEFN	Companhia Mogiana de Estradas de Ferro e Navegação.
CPVFF	Companhia Paulista de Vias Férreas e Fluviais.
FCL	Biblioteca da Faculdade de Ciências e Letras – Unesp – Araraquara.
IBGE	Instituto Brasileiro de Geografia e Estatística.
IHGS	Instituto Histórico e Geográfico de Santos.
MCP	Museu da Companhia Paulista.
RCMEFN	Relatório da Companhia Mogiana de Estradas de Ferro e Navegação.
RCPEFOP	Relatório da Companhia Paulista de Estradas de Ferro do Oeste da Província.
RCPVFF	Relatório da Companhia Paulista de Vias Férreas e Fluviais.
RMA	Relatório do Ministério dos Negócios da Agricultura e Obras Públicas.
RMM	Relatório do Ministério da Marinha.
RPPGO	Relatório do Presidente da Província de Goiás
RPPMT	Relatório do Presidente da Província de Mato Grosso.
RPPSP	Relatório do Presidente da Província de São Paulo
SHECS	Sociedade Humanitária dos Empregados no Comércio de Santos.

1
A VIA FLUVIAL NA ESTRATÉGIA DE EXPANSÃO DA COMPANHIA PAULISTA

"Entretanto é preciso navegar..."
(dr. Clemente Falcão de Souza Filho,
RCPEFOP, 29.8.1880, p.XIX)

É preciso navegar

Na historiografia que trata dos transportes em São Paulo, na segunda metade do século XIX, período de formação e expansão da economia cafeeira, a ênfase reside na importância da ferrovia que, substituindo o transporte muar tradicional, estabeleceu as condições propícias ao desenvolvimento da cafeicultura.[1]

As ferrovias foram vistas, na segunda metade do século XIX, como condição para o crescimento da economia cafeeira em São Paulo. O antigo sistema de transporte (as tropas de mulas) mostrava-se excessivamente oneroso diante da crescente interiorização das plantações de café (cf. Saes, 1996, p.179).

---

1 Cf. Bacellar (1999b, p.119); Cano (1983, p.33); Dean (1977, p.53-5); Ellis Jr. (1960, p.229); Monbeig (1984, p.98); Monteiro (1990, p.241-2); Saes (1981, p.39-40; 1996, p.179-80); Silva (1985, p.56); Vianna (1967, p.161-7); Viotti da Costa (1966, p.101, 171-4) entre outros. Também os relatórios dos presidentes da província de São Paulo apresentam substanciais informações sobre esse fato (ver, entre outros, RPPSP, 1842, p.24).

22 HILÁRIO DOMINGUES NETO

Flavio Saes (1996, p.17 e 192-3) não deixa dúvidas sobre os vínculos entre café e ferrovias, porém chama a atenção para a carência de estudos preocupados com as relações das estradas de ferro com outras atividades.

Neste capítulo, procuramos investigar primeiro os motivos que levaram a Companhia Paulista de Estradas de Ferro do Oeste da Província a prolongar o tráfego de sua via férrea no Vale do Mogi-Guaçu,[2] mediante uma seção fluvial. No contato com as fontes, os relatórios dos presidentes de província e da Companhia Paulista, entre outros, outra questão se associou à primeira: o que levou a Companhia a estender sua esfera de ação além da frente pioneira em busca de um mercado que não se circunscrevia à esfera da economia cafeeira?

O transporte fluvial da Companhia Paulista, salvo diferenças operacionais, funcionava como uma extensão da ferrovia, e ao se constituir como um segmento dos transportes dessa empresa, tinha de propiciar rendimentos que atendessem às expectativas de remuneração dos capitais nele investidos.

A procura de outros mercados fora da economia cafeeira fazia sentido como uma solução para suprir com outras mercadorias os vazios que tanto a ferrovia quanto a navegação fluvial estavam sujeitas quando, no período da entressafra, faltava ao tráfego o seu principal produto, o café. Esses mercados, por sua vez, formavam demandas por importações, preenchendo dessa forma o tráfego para o interior, no qual estava ausente o transporte expressivo de café.

Neste ponto é necessário considerar que a concentração sazonal do transporte do café, sempre em maior quantidade nos segundos semestres, em direção ao porto de Santos, deixava espaços de volume

---

2 O rio Mogi-Guaçu nasce no atual município de Bom Repouso, em Minas Gerais, com o nome de Córrego do Corisco. Após percorrer cerca de 20 quilômetros, recebe o nome de Mogi-Guaçu, na localidade de Tocos de Mogi, ainda em Minas Gerais, completando em terras mineiras uma extensão de 95,5 quilômetros. Penetrando em terras paulistas, pelo leste, próximo ao município de Mogi-Guaçu, percorre aproximadamente 377,5 quilômetros no sentido sudoeste-noroeste, totalizando uma extensão de 473 quilômetros, até desembocar no rio Pardo (Rocha, 1996, p.17). Ver também a respeito, Rodrigues (1999, p.12-85), e Figura 4.

e de tempo ociosos, quando da redução do produto a transportar. Considerando que ele contribuía em média com 70% da receita do tráfego da via fluvial, esse fato comprometia seriamente a eficiência da Companhia Paulista.[3]

Figura 1 – Mapa da região caracterizada como "Oeste Paulista".
Fonte: Dean, 1977, p. 23. Adaptação de Hilário D. Neto

---

3 Vale neste ponto lembrar a posição de Wilfred Owen (1975, p.14): "Uma variedade de causas pode tornar o transporte ineficiente. A falta de alguma coisa para transportar é uma delas".

Segundo o relatório da empresa, porém, anualmente, entre fevereiro e maio, ocorria a diminuição das importações, agravada pela ausência do principal produto de exportação, cuja safra começava mais ou menos em junho. Em consequência, as lanchas que seguiam de Porto Ferreira para o interior transportando vários produtos, além de serem em número reduzido, ao retornarem subiam o rio vazias, por não terem café a transportar. Tentando solucionar o problema, um dirigente da empresa propôs que se reduzissem os fretes dos cereais, do toucinho, do queijo e de outros produtos, visando estimular a produção desses gêneros, cujo comércio ampliaria o volume de mercadorias, para o tráfego de exportação na navegação (RCPVFF, n.42, de 26.4.1891, p.162).

A diversificação desse tráfego, portanto, com o transporte de outras mercadorias além do café visando aumentar as receitas nos fretes, foi necessária e imperativa para esse tipo de empreendimento de grande inversão em capitais privados. Esse fato, por si só, já nos induz a pressupor a integração de diferentes mercados, com a circulação de diferentes mercadorias pela navegação fluvial.

Somente essa dinâmica pode justificar a presença de um mercado interno atrativo ao capital empresarial, atuando como um dos fatores motivadores da expansão das vias de comunicações e dos transportes, para além da região cafeicultora do Oeste Paulista.

As hidrovias nos transportes paulistas

A navegação fluvial em São Paulo se constituiu desde os tempos coloniais num recurso de transporte largamente utilizado. A insegurança dos rudimentares caminhos criada pelos gentios fez das vias fluviais uma opção natural como meio de penetração para o interior.

Aos atalhos trilhados pelos bandeirantes no ciclo da caça aos índios sucedeu a construção de caminhos para servir às zonas de mineração... Era, porém, a rede fluvial o grande meio preferido para o tráfego (tantas as insuficiências e primitividades dessas estradas e as dificuldades de sua conservação) (cf. Simonsen, 1978, p.437).

NAVEGANDO O MOGI-GUAÇU **25**

Embora tenha ocorrido o emprego regular das vias fluviais na formação do Brasil, tanto para as explorações e as comunicações esporádicas como para o estabelecimento de relações mercantis entre as diferentes regiões da colônia, alguns fatores dificultaram a intensificação do uso das hidrovias (cf. Prado Jr., 1983, p.112).

Entre esses, o da grande maioria dos rios brasileiros correrem em terrenos geralmente muito acidentados, com seus cursos interrompidos continuamente por saltos e corredeiras, impossibilitando o emprego de embarcações de grande capacidade de carga. Era prática comum interromper a navegação para contornar tais obstáculos por terra, transportando-se até mesmo as próprias embarcações (ibidem, p.112).

Agravavam ainda mais as agruras sazonais de um clima tropical, que na estação das chuvas provocavam cheias torrenciais e na estiagem deixavam partes do leito dos rios com rasouras, aflorando as rochas à superfície, sinalizando obstáculos perigosos às vezes intransponíveis[4] que constituíam sérias restrições à livre navegação (Prado Jr., 1983, p.112; Holanda, 1976, p.77-107).

A literatura existente sobre a navegação do Brasil colônia, especialmente no que se refere às monções cuiabanas, é repleta em detalhes sobre as dificuldades das comunicações fluviais com o *hinterland* (Lapa, 1973, p.16-7; Holanda, 1976).

Ao caráter exploratório do movimento bandeirante as monções imprimiram o mercantil no decorrer do século XVIII. Essas se constituíam em expedições abastecedoras das populações interiores que,

---

4   Cf. Vaz de Mello (1856, p.19-20): "Segundo os destroços que se notam nas margens, reconhece-se que a bacia do rio Mogi é sujeita a frequentes e medonhos furacões de vento, pois em sua totalidade observa-se troncos e árvores colossais desenraizadas, retorcidos e lançados a grandes distâncias, infelizmente tive ocasião de avaliar um desses fenômenos naturais [...] quando arrebentou e estrugiu o furacão do lado de sudoeste, e com veemência tal que, as águas do rio, indecisas ora se arrojavam às margens querendo rompê-las, ora enovelando-se sobre si mesmas, e desfazendo-se em branco aljôfar pareciam reverter à sua origem, sendo tão eminente o perigo que fomos forçados a internar-nos no meio de uma capetuba, até que o furacão descarregando sua fúria em criaturas mais fortes, quais os anosos troncos, nos deixasse o rio aquebrantado por uma tão porfiada luta, lânguido e amortecido para prosseguirmos nossa derrota".

26 HILÁRIO DOMINGUES NETO

partindo do rio Tietê e do rio Piracicaba, demandavam ao Mato Grosso pelos rios Paraná e Paranaíba.

O que estimulava agora essas expedições já não era tanto o ânimo aventureiro, mas o lucro certo, que prometia o comércio com esses remotos sertões, distanciados de qualquer recurso, onde os preços atingidos por todos os artigos, até mesmo os de uso indispensável, parecem destinados a compensar abundantemente todos os riscos da viagem (Holanda, 1976, p.61).

Com essas expedições participavam, além da tripulação, os comerciantes que "iam trocar por ouro sua mercadoria [...] fazendas de algodão e lã, ferragens, louças, chapéus de pelo, pólvora, chumbo e sal" (Holanda, 1976, p.73).

Essa natureza mercantil da navegação paulista no decorrer do século XIX vai sofrer novo impulso quando a expansão da população pelo interior necessitou de meios de circulação que possibilitassem sua inserção no circuito agroexportador.

Só se começou seriamente e em grande escala a cogitar o aproveitamento dos rios para vias de comunicação, concedendo facilidades à navegação e melhorando suas condições de navegabilidade, nos últimos anos do século XVIII (Prado Jr., 2000, p.264).

Motivavam essa busca por melhores meios de comunicações as transformações provocadas pela exaustão do minério das Gerais. É a fase que Caio Prado Jr. (2000, p.133) destacou como a do renascimento da agricultura paulista.

Era o prenúncio de uma etapa pós-colonial, na qual se buscaria dar foros de modernidade às nossas comunicações e transportes. Quando, diante de um mundo de mercadorias que se ampliava, se procuraria integrar esses mercados com a abertura de novas vias de comunicações e com a introdução de meios de transportes mais eficientes.

Nesse sentido, a ferrovia, a hidrovia e os transportes marítimos, impulsionados pela máquina a vapor, se apresentavam como os novos instrumentos do capitalismo, que em breve passariam a atrair os investimentos dos capitais gerados pela economia cafeeira.

No Brasil, o primeiro ato visando ao desenvolvimento da navegação fluvial a vapor deu-se durante a regência do Império, quando a Assembleia Geral Legislativa pelo decreto n.34, de 26 de agosto de 1833, autorizou o padre Diogo Antonio Feijó a conceder a Guilherme Kopker, um hamburguês residente em Minas Gerais, o privilégio para navegar o rio das Velhas com barcos a vapor pelo prazo de dez anos (Pinto, 1977, p.284).

No ano de 1834, um ato adicional à Constituição do Império passava à competência das Assembleias Provinciais legislar sobre obras públicas, estradas e navegação interior das respectivas províncias, desde que essas não pertencessem à administração geral do Estado.[5]

A partir desse momento, intensificou-se o interesse das províncias pelo melhoramento das comunicações e dos transportes. Entre as providências tomadas, aparecem contratos para a execução de obras viárias, como estradas e pontes, levantamentos e explorações do território para implantar a navegação fluvial a vapor e para a instalação de vias férreas. Ainda que já se manifestasse o interesse pela ferrovia, não se descuidava das ligações terrestres por caminhos carroçáveis e do aproveitamento dos cursos dos rios.

A Assembleia Legislativa Provincial de São Paulo, no ano de 1836, decretou um plano de viação cuja lei aprovada em 1838 tratava da concessão de privilégio à companhia de Aguiar, Viúva, Filhos & Comp., Platt e Reid para levar à frente um empreendimento que se constituía num sistema integrando ferrovias e hidrovias, prevendo até mesmo o emprego da navegação a vapor.

O plano visava ligar Santos às vilas de São Carlos [Campinas], Constituição, Itu ou Porto Feliz, ou a todas essas, e também ligar Santos a Mogi das Cruzes, podendo juntar o rio Paraíba ao Tietê no primeiro ponto mais perto dessa vila, no local que a companhia julgasse adequado. Com isso visava a uma ligação fluvial que possibilitasse ligar pelos transportes ferro-hidroviários a vila de Mogi das Cruzes, a cidade de São Paulo e a vila de Santos (Pinto, 1977, p.24).

---

5 Ato adicional à Constituição do Império, constante da lei 16, de 12 de agosto de 1834, Art. 10 § 8° (Carvalho, 1930, p.453).

28 HILÁRIO DOMINGUES NETO

Esse ambicioso projeto, no entanto, não saiu do papel. Entre os problemas que dificultavam as iniciativas dos governos provinciais, a falta de recursos financeiros e de pessoal especializado para realizar as explorações e as obras viárias era o mais evidenciado.

No ano de 1853, o presidente da província de São Paulo reclamava à Assembleia Legislativa Provincial a necessidade de aumentar-se o pessoal da engenharia para levantamento de plantas de estradas, pontes, cadeias e outras obras de importância, requisitadas pelas localidades (RPPSP, 16.2.1853, p.27).

Outro presidente, José Joaquim Fernandes Torres, em sua fala àquela Assembleia em 1858 alegava a falta de recursos financeiros e pessoas habilitadas a fim de cumprir a autorização concedida por lei de 1857 para explorar o rio Tietê desde a capital até o rio Paraíba, e desse até a localidade de Cachoeira (RPPSP, 1858, p.38-9).

Como se pode constatar, as explorações e os levantamentos no território visando à consecução dos planos de viação dependiam de recursos de ordem técnica e financeira nem sempre disponíveis, o que de certo modo dificultava a ação dos poderes públicos em dotarem suas províncias de amplos sistemas de circulação.

Em São Paulo, tais restrições à expansão das vias de comunicações e transportes e à ocupação territorial mobilizariam mais tarde os cafeicultores paulistas para a instalação de uma comissão permanente com pessoal técnico habilitado, visando proceder ao levantamento topográfico do território paulista. Esse órgão se constituiria, no ano de 1886, na Comissão Geográfica e Geológica de São Paulo (Figueirôa, 1987, p.43).

Em 1855, o então presidente da província de São Paulo, dr. Antonio José Saraiva, em sua fala à Assembleia, já havia alertado sobre a inexistência da navegação fluvial na província, não obstante a presença de rios importantes cortando-a em diversos sentidos (RPPSP, 15.2.1856, p.19).

Pelas constantes referências nos relatos exploratórios sobre a navegabilidade dos rios paulistas constata-se que esteve sempre presente uma intensa navegação mercantil. Ocorre que essa era feita por particulares, comerciantes que se embrenhavam pelos cursos de água numa aventura, mercadejando seus produtos, provavelmente sem nenhum controle pelo governo.

A navegação regular implicava a autorização pelo governo e o estabelecimento de um contrato entre as partes. Os contratos previam o prazo de concessão do direito à navegação, o número de embarcações necessárias, o percurso e a periodicidade das viagens, o prazo para o início de operação, os direitos de transportes gratuitos pelo governo (no caso de funcionários do governo, de colonos e dos correios) e o emprego das embarcações para fins militares, entre outros.[6]

Para o Estado, portanto, a regulamentação da navegação se tornava imperativa, pois lhe proporcionaria, mediante a atuação da iniciativa privada, uma ampliação das vias de comunicação, de comércio e, consequentemente, o desenvolvimento econômico e social do país. Além do mais, iria lhe dar as condições de comunicação necessárias à manutenção da integridade de imenso território, no caso de dissensões internas ou de ameaça estrangeira às suas fronteiras.

Em outras palavras, a melhoria das condições de comunicações entre o Império e suas províncias, quase como ilhas isoladas pelo *hinterland*, era fundamental para a sua própria sobrevivência política.

No ano de 1858, uma deliberação da Assembleia Legislativa Provincial, contida no artigo 8° da Lei n.39, autorizava explorações para atestarem as condições de navegabilidade do rio Mogi-Guaçu.

Alegando falta de recursos materiais, o Poder Público resolveu adiar as providências nesse sentido. Por sua vez, o engenheiro civil Fernandes Vaz de Mello, interessado que estava nas vantagens que poderia auferir do estabelecimento de uma navegação regular no Mogi-Guaçu, assumiu por sua conta a empresa. Partindo no dia 3 de julho de 1858 do rio Grande, dez léguas abaixo da cidade de Uberaba, seguiu pelos rios Pardo e Mogi-Guaçu até a localidade denominada Bocaina, próximo à cidade de São João do Rio Claro (RPPSP, 1859, p.33; 2; Mello, 1859, p.6).

O memorial descritivo que apresentou ao concluir a exploração constitui-se num rico documento sobre as condições de navegabilidade

---

6 RPPSP, 1874, Anexo 5: Contrato para a navegação do rio Mogi-Guaçu firmado entre o governo provincial paulista, com o comendador Antonio Joaquim de Freitas e outros.

30 HILÁRIO DOMINGUES NETO

dos referidos rios, do custo previsto para as obras de adequação do leito à navegação, e das condições em que se encontravam as regiões ribeirinhas, ainda escassamente povoadas (Mello, 1859).

O presidente da província, José Joaquim Fernandes Torres, resolveu indenizá-lo com dois contos de réis pelo trabalho, justificando que não o fazia por pagamento de tão importante serviço, mas como um simples auxílio aos gastos com a exploração, que teriam sido bem superiores (ibidem, p.33).

No memorial que apresentou ao governo provincial, Fernando Vaz já denunciava a presença de uma movimentada navegação mercantil naquela via fluvial. Alegava que mais de vinte comerciantes ali circulavam, numa evidência flagrante da importância crescente daquele roteiro para o comércio entre a província de São Paulo e da Corte com Minas Gerais, Goiás e Mato Grosso (ibidem, p.22-3).

Não constatamos, no entanto, nas fontes documentais e historiográficas pesquisadas nenhuma referência, posterior ao levantamento feito por Vaz de Mello, que indicasse o aproveitamento de seu trabalho para a implantação pelos Poderes Públicos ou com o aval desse, da navegação regular naquela via fluvial.

Assim como aconteceu com as ferrovias, na segunda metade do século XIX a navegação fluvial a vapor passou a constar de vários projetos viários. Ultrapassa os limites desta pesquisa enumerá-los um a um; no entanto, convém observar que um novo elemento de caráter estratégico-militar era incorporado ao contexto do desenvolvimento das vias de comunicações na província de São Paulo, no momento que vamos nos deter.

A Guerra do Paraguai (1864-1870), no dizer do geopolítico Meira Mattos, serviu para alertar o governo brasileiro sobre a extrema carência em nossas comunicações com o interior do continente (Mattos, 1975, p.47). A partir desse confronto, o governo, na tentativa de promover a integração do Império por meio de vias de comunicações efetivas, intensificou a elaboração de vários planos de viação (Mattos, 1975, p.47-9; Brasil, CNT, 1973, p.4-89).

Caio Prado Jr. (2000, p.263-4 e 273), que já havia evidenciado as tentativas frustradas do governo em promover o aproveitamento dos rios para a navegação fluvial nos últimos anos do século XVIII, apontou o momento que tratamos como o do estabelecimento de planos grandiosos, visando ligar totalmente as grandes bacias hidrográficas, integradas por meio de canais. Preocupava-se então em dotar o interior do País de um amplo sistema de circulação fluvial.

Todos esses projetos, no entanto, pelas dificuldades materiais que encontravam os governos, acabaram sendo relegados a um segundo plano, e a navegação fluvial não mereceu por parte desses a atenção que merecia. Assim, os planos viários que se acumularam permaneceram como projetos que não saíram do papel (ibidem, p.264).

Foi dentro desse quadro que a economia cafeeira se desenvolveu no Oeste Paulista. A necessidade de escoar suas crescentes safras impunha soluções imediatas na modernização das comunicações e dos transportes. Reiteram-se em nossa historiografia as alusões à falta de planos viários que direcionassem a ação das empresas ferroviárias, e de que essas, em seus traçados, atenderam exclusivamente aos interesses dos proprietários das lavouras cafeeiras,[7] conforme observa Meira Mattos (1975, p.49):

> Mas, mesmo sem plano, puxadas pela economia do café dos últimos anos do século XIX e primeiros do XX, as ferrovias bandeirantes (Sorocabana, Mogiana e Paulista) iam assentando trilhos e investindo pelo sertão, sem esquema conjunto, mas, de qualquer forma, avançando para o interior.

Acompanhando-se os relatórios dos presidentes da província de São Paulo, constata-se uma série de concessões de privilégio para a navegação mercantil de alguns rios da província.

Durante o governo de João Theodoro Xavier (RPPSP, 5.2.1874, p.10; Matos, 1981, p.91), no ano de 1873, foram feitas concessões para a navegação a vapor nos rios Tietê e Piracicaba, no percurso que

---

7 Cf. Silva (1985, p.57): "O desenvolvimento das estradas de ferro era comandado pelos interesses dos administradores, produtores e comerciantes de café [...] seu traçado, por vezes caprichoso e que será necessário corrigir ou suportar penosamente, depende da posição das maiores fazendas e da localização das cidades do café". Apud P. Monbeig (1984): "478 dos 736 Km de estradas de ferro construídas no Brasil em 1868 eram 'estradas do café'. Apud A. d'E Taunay".

32 HILÁRIO DOMINGUES NETO

tinha início na cidade de Tietê e ia até o Salto de Avanhandava, e do rio Piracicaba, desde a cidade de Constituição até sua foz no mesmo rio Tietê. Os contratados foram o senador Francisco Antonio de Souza Queiroz e João Luiz Germano Bruhns, empresários que constituíram a Companhia Fluvial Paulista.[8]

Na década seguinte, em 1886, a Companhia Ituana de Estradas de Ferro comprou da Companhia Fluvial Paulista os direitos de navegação dos rios Piracicaba e Tietê, bem como todo o material fluvial (Pinto, 1977, p.311; Matos, 1981, p.107-8).

Ainda em 1873, o governo provincial era autorizado a contratar com Diogo Rodrigues de Moraes, e outros que melhores vantagens oferecessem, a navegação por barcos a vapor, nos rios da comarca de Iguape. A navegação do Ribeira de Iguape remonta aos tempos coloniais. Por se encontrar na região litorânea, sensivelmente plana, não apresenta as características de regime e navegação com tantos obstáculos como os rios do Planalto Paulista, fator que facilitou o seu emprego nas comunicações dessa região.

Outra concessão nos chamou a atenção, foi a da contratação, em 7 de outubro de 1873, de uma companhia incorporada pelo coronel Antonio Joaquim de Freitas Leitão, dr. João Ribeiro da Silva e sr. Francisco Custódio Leite, para fazer a navegação a vapor no rio Mogi-Guaçu (RPPSP, 5.2.1874, p.10).

Observa-se por essa informação que, antecedendo à iniciativa da Companhia Paulista no ano de 1883, já teria sido prevista a implantação de uma linha regular de vapores no rio Mogi-Guaçu. Analisando-se as cláusulas contratuais, constata-se que essa concessão se estenderia pelo prazo de trinta anos, estando prevista para o início de operação em outubro de 1877.

---

8 Tanto a navegação fluvial da "Companhia Fluvial Paulista" quanto a da "Companhia Paulista de Vias Férreas e Fluviais" aparecem grafadas nas fontes com o tratamento "a navegação fluvial da Paulista". É necessário, portanto, certo cuidado na identificação correta da empresa, toda vez que depararmos com essa designação. Neste trabalho, sempre que empregarmos esse termo, ou "a navegação da Companhia Paulista", estaremos nos referindo à da "Companhia Paulista de Vias Férreas e Fluviais", no rio Mogi-Guaçu.

O contrato estabelecia o início de operação no prazo de quatro anos, para fazer o trajeto do rio Mogi-Guaçu, de Pirassununga "até a sua foz no rio Grande". Estipulava que, no ano de 1879, a navegação deveria estar estendida em sentido inverso, ou seja, de Pirassununga até as proximidades da cidade de Mogi Mirim (RPPSP, 5.2.1874, p.15). No relatório que o presidente da província João Theodoro apresentou à Assembleia, no ano de 1875, informava-se que o contrato firmado para a navegação a vapor no rio Mogi-Guaçu não havia ainda produzido os efeitos desejáveis, uma vez que não tinha nenhuma informação sobre a execução dos trabalhos preparatórios para aquele fim (RPPSP, 14.2.1875, p.33-4). Em nossas pesquisas, não encontramos nenhuma referência sobre a existência dessa navegação no passado.

No ano de 1883, a Companhia Paulista de Estradas de Ferro do Oeste da Província, com os seus estatutos reformados, se constituía na Companhia Paulista de Vias Férreas e Fluviais, com capital social de vinte mil contos de réis. Tinha por objetivo explorar o transporte das estradas de ferro de sua propriedade já construídas, construir e explorar novas estradas de ferro e realizar qualquer plano de transporte que aumentasse o tráfego de suas vias férreas, inclusive o plano de navegações fluviais (Braga & Domingues Neto, 1999, p.2-3).

A partir desse momento, colocou em ação o seu projeto, e já no ano de 1887, ao estender a sua via fluvial de Porto Ferreira ao Pontal do rio Pardo, numa extensão de 200 quilômetros, interligava o interior do Oeste Paulista pela ferrovia ao porto de Santos.

Prevista inicialmente para atingir a barra do rio Grande, não ultrapassou o Pontal do rio Pardo, entre outros motivos, que veremos em outra parte, pelas dificuldades impostas à livre navegação após aquele ponto.

Outras vias fluviais da província de São Paulo tiveram seus cursos navegados por engenhos a vapor. No ano de 1863, diante dos estudos realizados sobre a navegabilidade do rio Paraíba, a Assembleia Legislativa paulista autorizava o governo provincial a contratar uma empresa para explorar a sua navegação (Pinto, 1977, p.298-9).

Motta Sobrinho (s. d., p.80), em seu trabalho sobre a expansão cafeeira no Vale do Paraíba, faz uma breve alusão a essa navegação,

34 HILÁRIO DOMINGUES NETO

informando de seu declínio no início da década de 1870, após a integração da ferrovia D. Pedro II com a São Paulo-Rio de Janeiro, que aos poucos absorveu todo o tráfego fluvial.

Coube a outra empresa, a Companhia Mogiana de Estradas de Ferro e Navegação, a navegação fluvial no rio Grande, ainda que por um curto espaço de tempo. Instalada no ano de 1888, cobria uma extensão de 51 quilômetros, interligando o ramal ferroviário da estação do Jaguara até a confluência com o rio Sapucaí-Mirim. As razões do insucesso da seção fluvial da Mogiana foram os constantes déficits em suas receitas e das dificuldades que tinha à livre navegação naquele trecho do rio (Pinto, 1977, p.309), conforme se constata num relatório feito pelo inspetor geral da empresa, o sr. A. Brodowsky, sobre o ano de 1888 (RCMEFN, de 7.4.1889, p.64):

> Em 22 de novembro o vapor "Sapucaí-mirim", em viagem de Jaguara a Ponte Alta naufragou devido a rebojos e grandes águas na corredeira de Soledade, três quilômetros além da estação de Boca Grande. Deste desastre, cujos pormenores tive a honra de relatar no meu ofício de 24 de novembro, resultou a morte de dois passageiros e dois empregados da Companhia, salvando-se o piloto e o marinheiro. Não se fez [por] enquanto tentativa alguma para retirar o vapor naufragado, trabalho este que só será possível em tempo de seca.

No ano de 1890, a diretoria da Companhia Mogiana resolveu suspender o tráfego da seção fluvial. Alegava que o contínuo aumento dos déficits com aquela navegação e a presença de obstáculos na hidrovia comprometendo a sua segurança criavam uma situação extremamente onerosa para a empresa (RCMEFN, de 14.10.1890, 1889, p.8).

Como podemos observar, a utilização das vias fluviais na província de São Paulo constituiu-se numa difícil empresa, e diante de tais adversidades, a navegação com embarcações a vapor que a Companhia Paulista de Vias Férreas e Fluviais empreendeu no rio Mogi-Guaçu, por cerca de duas décadas, pode ser considerada um grande feito para a época. Cabe, pois, investigar como ela operou nesse período e que respostas ofereceu aos capitais investidos nesse empreendimento.

Os interesses por novos mercados

Na década de 1880, os relatórios das companhias de estradas de ferro e navegação revelam a existência de conflitos de interesses entre essas empresas de transportes, na disputa pela extensão de suas atividades além da frente pioneira, que se estendia pelo vale do Mogi-Guaçu, visando alcançar Minas Gerais, Mato Grosso e Goiás.

Para a discussão dessa questão, analisaremos inicialmente o perfil da estrutura econômica dessa região, cujas origens remontam às atividades de mineração iniciadas em fins do século XVII, e se desenvolveram no decorrer da primeira metade do século XVIII. Nesse sentido, procuraremos identificar quais vínculos existiram nos circuitos mercantis, entre ela e a capitania de São Paulo, que justifiquem o interesse ligado à integração de diferentes mercados, isto é, do agroexportador ao vinculado ao abastecimento interno.

Estudos sobre as regiões econômicas do Brasil do século XVIII destacam o deslocamento da atividade pecuária do Nordeste brasileiro para as proximidades das zonas de mineração (Simonsen, 1978, p.377-9; Prado Jr., 2000, p.66; Goulart, 1965, p.36-44).

Foram rebanhos de gado nordestinos que, empurrados pelas constantes secas, migraram pelo rio São Francisco, alcançando as terras mineiras, onde se fixaram no abastecimento das populações, ocupando com a agricultura de subsistência espaço considerável. Segundo Caio Prado Jr. (2000, p.198), pelo final do século XVIII, a pecuária mineira já havia substituído a do Nordeste, como abastecedora do mercado de carnes das Gerais.

O elevado preço do gado nas zonas de mineração, em decorrência do aumento da distância das rotas de suprimento nordestinas em razão do alargamento das áreas de cata de metais, provocou a irradiação da atividade pecuária para o abastecimento das Gerais (Goulart, 1965, p.36), estimulando a instalação de fazendas em Minas, Goiás e Mato Grosso (Simonsen, 1978, p.158).

Pelo mapa da Figura 2 podemos situar os espaços ocupados pela pecuária e a sua presença na região do Triângulo Mineiro, no sul de Goiás e no Mato Grosso, próximas, portanto, dos limites extremos

36 HILÁRIO DOMINGUES NETO

de São Paulo. Também no sul de Minas e no nordeste de São Paulo essas se concentraram.

Verifica-se ainda que os rios Mogi-Guaçu e Pardo se apresentavam como uma via de comunicação natural entre a frente pioneira cafeeira, que se desenvolveu no Oeste Paulista, e o Triângulo Mineiro, região em torno da qual gravitavam os interesses mercantis das empresas de transportes do Oeste Paulista.

Tais constatações são relevantes para nós, à medida que poderão justificar, em parte, o porquê do interesse pelo emprego mercantil dessas vias de comunicações, na integração de diferentes mercados. As descobertas auríferas em Minas, nos fins do século XVII, provocaram um intenso povoamento, que se estendeu por toda a primeira metade do século XVIII. Como consequência, aumentou a demanda por gêneros de subsistência, estimulando dessa forma o desenvolvimento de outros núcleos, dedicados às atividades agropastorís.

A pecuária, que em Minas substituiu a nordestina, se desenvolveu dentro de condições mais favoráveis, com bons pastos naturais, fazendas com instalações mais complexas e bem cuidadas, onde o curral tinha espaço próprio mesmo para a atividade leiteira. Essa deu origem à indústria de laticínios, outro importante segmento da economia mineira.

Em quase tudo ela se contrastou com a pecuária nordestina. A criação em pastos cercados confinando o gado tornava o controle e o manejo mais eficientes, possibilitando maior rigor na alimentação. O sal, alimento imprescindível no pasto, não era obtido nos lambedouros salinos misturado com barro, prejudicial à saúde do animal. Era um sal limpo, distribuído com regularidade, o que facilitava a domesticação do gado (Prado Jr., 2000, p.200-1).

É importante observar neste ponto que esse sal, geralmente importado, constituiu-se num produto de grande circulação, entre os mercados importadores, como Rio de Janeiro e São Paulo, e os consumidores, da pecuária do interior brasileiro.

Entre os núcleos de abastecimento que aí se desenvolveram, destacaremos aqui aqueles que, no decorrer do século XIX, iriam se inserir com maior intensidade no circuito mercantil com a província de São Paulo (Figura 3).

NAVEGANDO O MOGI-GUAÇU 37

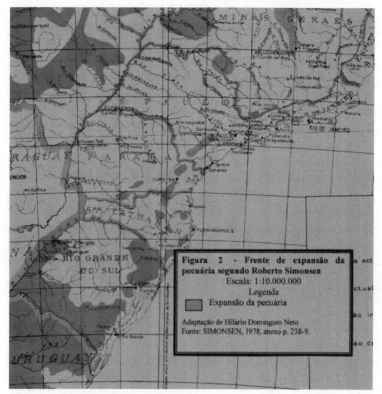

Figura 2 – Frente de expansão da pecuária.

Caio Prado Jr. (1979, p.56-7) destaca a comarca do Rio das Mortes, sul de Minas, que se transformou rapidamente em zona de pecuária com alguma agricultura, e já em meados do século XVIII direcionou parte dessa produção ao mercado interprovincial.

Região mais populosa da época, segundo Aparecida Junqueira (apud Gaeta, 1998, p.13), era a mais produtiva da capitania mineira, em grãos, hortaliças e frutos nacionais, sendo responsável pelo abastecimento da mineração com queijos, gado, carne de porco e outros produtos.

Cunha Mattos (1981, p.78) destaca nas exportações de Rio das Mortes, nas primeiras décadas do XIX, ouro, grãos, legumes, toucinho, queijos, tabaco de fumo, gado vacum e cavalar.

Outra região que desenvolveu a pecuária em fins do século XVIII foi a comarca de Paracatu (Prado Jr., 1979, p.57), que compreendia a parte mais ocidental da capitania de Minas Gerais, no limite com as de São Paulo, Mato Grosso e Goiás. Ao sul ela incorporava o que constitui hoje a região do Triângulo Mineiro.

Sobre essa comarca, os dados de Cunha Mattos (1981, p.78) das primeiras décadas do século XIX registram as exportações de ouro em pequena quantidade, do algodão em rama, do toucinho, de couros, peles e sola, e de gado vacum, cavalar e cerdal, especialmente dos distritos de Araxá e Desemboque.

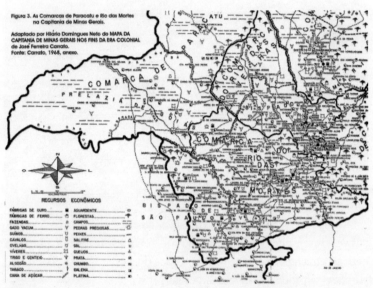

Figura 3 – As comarcas de Paracatu e Rio das Mortes na capitania de Minas Gerais. Fonte: Carrato (1968, anexo).

Ainda que de forma monolítica, abrangendo toda a província, dentro desse mosaico de produções que foi Minas Gerais, Cunha Mattos (1981, p.79), ao tratar de suas importações e exportações, apresenta alguns dados do barão de Eschwege sobre o comportamento desse amplo mercado entre 1818 e 1819.

NAVEGANDO O MOGI-GUAÇU 39

Destaca-se no rol dos gêneros listados, nas importações,[9] o sal (63,24% do valor total dos 39 itens listados), seguido da fazenda seca[10] em fardos (11,47%), do vinho (3,40%), de escravos novos (3,22%), e do peixe salgado (2,80%), entre outros produtos. Pelo que se observa, o sal, em relação aos demais produtos importados, correspondia a um valor expressivo, o que comprova a existência de grande demanda pela pecuária da região, tanto para o alimento animal quanto para as indústrias saladeril e do couro. As demais mercadorias, por sua vez (34 itens diversos), atestam um variado consumo de diferentes produtos por esse mercado.

Nas exportações, aparecem em ordem de importância[11] o toucinho e a carne salgada (26% do valor total dos 42 itens listados), o gado vacum (22,15%), as bestas muares (8,09%), os porcos (8,07%) e os queijos (7,09%), entre outros, compreendendo 61,40% do valor total desse setor.

Se a esses itens da pauta de exportação, todos derivados da atividade pecuária, incluirmos outros de valores menos expressivos, como cavalos (2,73%), carneiros (0,82%) e produtos da indústria do couro (1,12%) como couro de boi, chicotes, selas e sola, temos que os produtos da pecuária correspondem, ao todo, a 64,95% do valor da pauta de exportações da província mineira. As demais mercadorias (30 itens diversos), por sua vez, atestam uma variada produção por esse mercado.

---

9 Para uma aproximação sobre o grau de importância em relação às demais mercadorias listadas, consideramos o valor da arrecadação de tributos pela província com cada diferente mercadoria, expressa pelos "Direitos de Entradas" (cf. Cunha Mattos, 1981, p.80): "As cargas que importam para a província são sujeitas aos mesmos direitos de entrada nos registros fluviais, como se pratica nas alfândegas dos portos secos".

10 Cf. Cunha Mattos (1981, p.61-2): "Cumpre notar que por fazenda seca se entende nos registros de Minas toda a qualidade de gênero que serve para vestuário, e por fazenda molhada, toda a qualidade de comestíveis, metais, pólvora e geralmente aquilo que não se veste".

11 Para uma aproximação sobre o grau de importância em relação às demais mercadorias listadas, consideramos o valor da receita auferida pela província com a exportação de cada produto.

40 HILÁRIO DOMINGUES NETO

Embora esses dados não possibilitem a regionalização de tais produções, comparando-os com as informações gerais que sistematizamos até aqui, podemos considerá-los como representativos em relação ao perfil da economia que se desenvolveu nas regiões do Triângulo Mineiro e sul de Minas. Esses dados apontam para o caráter de uma produção que, com o declínio da mineração, se direcionou para as atenções de um amplo mercado interno.

João Fragoso (1990, p.160) também nos apresenta dados sobre Minas, com base no inquérito econômico realizado naquela província em 1878, nos quais se constata que, dos 70% dos municípios recenseados, 70% da população destinava a maior parte de suas produções para o mercado interno, o que reforça nosso pressuposto com relação ao perfil da economia mineira.

Nas primeiras décadas do século XIX, Uberaba, no atual Triângulo Mineiro, segundo Pontes (1978, p.90-2), passou por um grande movimento povoador, com a construção de muitos prédios no arraial e a abertura de diversos negócios. As comunicações foram ampliadas: foi construído um porto em Ponte Alta, no rio Grande, e instalada uma navegação mercantil do rio Mogi-Guaçu até aquele rio. Esse itinerário tinha por fim abastecer a região do sal procedente de Santos.

Abriram-se novas estradas em direção ao sul de Goiás, por onde o sal e outros gêneros tiveram acesso. Entrando na província paulista pelo porto de Santos, esses produtos seguiam para Uberaba, onde faziam escala, para distribuição. Com sua posição de centro mercantil, essa localidade mineira passou por uma fase de grande crescimento econômico entre 1827 e 1859, chegando a se constituir como vila e depois como cidade. Sua população aumentou, e o comércio de sal, nos três últimos anos do período referenciado, quadruplicou, chegando sua importação a um volume de 135 mil sacas (ibidem, p.90-2).

Esse redirecionamento das atividades da economia mineira com o desenvolvimento da agricultura e da pecuária ultrapassou os limites daquela província. Penetrando pelo sul de Minas, a frente de expansão da pecuária teve um papel peculiar no caráter inicial da economia do Nordeste Paulista, sob a ação de entrantes mineiros provenientes em grande parte da comarca do Rio das Mortes (Brioschi, 1999, p.60).

NAVEGANDO O MOGI-GUAÇU   41

Iniciado pioneiramente esse povoamento, em escassos povoados ao redor dos pousos, ao longo dos caminhos como o dos Goiases,[12] passou a receber contingentes de mineiros, que naquela região acabaram por desenvolver uma economia de abastecimento interno de características mercantis (Oliveira, 1997, p.18).

Destacavam-se nessa produção a pecuária,

> que possibilitou a constituição de vínculos comerciais com distantes centros consumidores; o comércio do sal, que desenvolveu-se com a ampliação do rebanho da região e com o abastecimento das regiões de Goiás e Mato Grosso; e a agricultura de subsistência, cujo excedente atendia ao mercado estabelecido ao longo dos caminhos da região. (ibidem, p.19)

Franca, Batatais, Mogi-Mirim, Caconde e São Simão são exemplos de localidades que, nascidas dos pousos da Estrada de Goiás, serviram de base para a ocupação pela frente de expansão: "os entrantes foram apossando-se de terras desabitadas, derrubando e queimando porções de mata ou do cerrado alto para plantar roças, apascentando gado nos campos vizinhos, e empurrando a 'boca do sertão' cada vez mais para o Oeste" (Brioschi, 1999, p.60).

Essa região, que na segunda metade do século XIX viria constituir a "Alta Mogiana", ligada que estava à economia do sul de Minas e do Triângulo Mineiro, passou a ser alvo da penetração das ferrovias paulistas, antecedendo, pois, a expansão da frente pioneira que avançava com o café.

Assunto que trataremos adiante, mas que cabe aqui observar, esse mercado acabou sendo conquistado pela Companhia Mogiana, que em 1880 avançou com seus trilhos em direção a Ribeirão Preto, ultrapassando-a, percorrendo o antigo itinerário do caminho dos Goiases. Alcançando Minas Gerais, conquistou o importante tráfego de mercadorias que se fazia por Uberaba a partir do Nordeste Paulista.

---

12 Ver a respeito a obra de Bacellar (1999a): "Na estrada do Anhanguera: uma visão regional da economia paulista".

42 HILÁRIO DOMINGUES NETO

Restou à Paulista o Vale do Mogi-Guaçu, dentro dos limites impostos pela "zona de privilégio" que era de direito da Mogiana. Nesse, a frente de expansão não havia ainda feito sentir a sua ação. Segundo Vasconcellos Martins (1987, p.21-3), não se sabe com precisão o início do povoamento do Vale do Mogi-Guaçu, próximo à sua desembocadura no rio Pardo, e as primeiras sesmarias dessa região datam de 1807: "A região ocupada hoje pelo município de Pontal, até 1817 encontrava-se ainda completamente despovoada e pouco conhecida, coberta pela floresta indevassada. Somente poucos pescadores, descendo o rio Mogi-Guaçu, poderiam palmilhar estas paragens".

Essa situação ainda persistia por volta de 1858, quando Vaz de Mello (1859, p.13-4), em exploração que fez pelos rios Pardo e Mogi-Guaçu, descreveu o escasso povoamento da região. No rio Pardo, a meia légua do Pontal, onde recebe as águas do Mogi, notou a presença dos "roçados e plantações de João Gonçalves, morador na margem esquerda, junto à barra do Ribeirão dos Crioulos". Após entrar no curso do Mogi-Guaçu, meia légua adiante do Pontal, deparou com alguns caçadores providos de abundante caça. Em documento arrolado por Vasconcellos Martins (1987, p.193), o dr. Antônio Joaquim Ribas, no ano de 1863, ao tratar da importância do rio Mogi-Guaçu e da possibilidade de sua navegação, também alegava a escassez da população que habitava as suas margens e de uma incipiente atividade produtiva, de Pirassununga para o interior. Vaz de Mello por sua vez, em 1858, atribuiu o fraco povoamento daquela região à ineficiência do sistema de sesmarias que, pela incapacidade de muitos donatários ocuparem economicamente suas concessões, eram abandonadas.

Desde o pontal dos dois rios começamos a encontrar vestígios humanos e mesmo alguns roçados indicando posses, miseráveis taperas, e plantações quase todas abandonadas. Cumpre confessar que o motivo do abandono de tão rica, viçosa e fértil vegetação, não pude "cismar" com outro, que não fosse o péssimo sistema de sesmarias, e direito de posseiros concedido a aventureiros, que não podiam cultivar domínio excedentes às suas forças.

Esse depoimento traduz o caráter da ocupação fundiária naquela região, que persistiu pela prática da posse e da grilagem, mesmo em plena vigência da Lei de Terras, de 1850, que certamente teria transformado aquelas sesmarias em "terras devolutas".

> Os primeiros que se apropriaram [de] tão ricas possessões, foram João de Siqueira, Manoel Luiz, João José de Carvalho, a família Junqueira e outros a quem exclusivamente pertenciam as margens do rio. Estes potentados formaram entre si um tratado ou liga para expulsão à força armada de qualquer que lhes viesse perturbar, de que resultou não pequenas desordens e quiçá algumas vítimas. (Mello, 1859, p.14)

Diferentemente, portanto, das condições de mercado que se apresentavam para a Companhia Mogiana no Nordeste Paulista, onde povoamento ao longo do Caminho de Goiás formara alguns núcleos de abastecimento para o mercado interregional, restava à Paulista, por meio da navegação fluvial, estimular o desenvolvimento de uma produção para o mercado interno e, pelo extremo do Mogi-Guaçu, onde ainda não havia chegado a frente pioneira, fomentar o comércio com as províncias de Minas, Goiás e Mato Grosso. Visava, dessa forma, trazer para a via fluvial um tráfego que contribuísse para o aumento das receitas da companhia.

Assim como em Minas Gerais, em Goiás, após a "febre aurífera que não fora além de um quarto de século", a pecuária transformou-se na maior riqueza da província (Goulart, 1965, p.40).

Fragoso (1990, p.181), ao tratar do avanço da pecuária extensiva e mercantil no sul de Goiás, observa que no ano de 1872 aquela região concentrava 54,6% da população da província, oriunda de entrantes mineiros e paulistas da primeira metade do século XIX, que haviam criado novos sistemas agrários, então direcionados para o mercado interno, especialmente para o abastecimento dos mercados do Sudeste.

Quando a Companhia Paulista chegou com seus trilhos em Porto Ferreira, às margens do rio Mogi-Guaçu, no ano de 1880, a pecuária goiana já tinha assumido um papel relevante para a economia daquela província.

44 HILÁRIO DOMINGUES NETO

No ano de 1879, o presidente da província goiana, sr. Aristides Spínola, expediu uma circular às autoridades encarregadas de fiscalizar a arrecadação dos tributos relativos à exportação nos diferentes pontos daquela província, na qual recomendava uma ação mais eficaz no combate à sonegação dos tributos de exportação de gado vacum e cavalar. Preconizava ainda medidas de redução dos impostos para incentivar o incremento da pecuária na província (RPPGO, 27.12.1880, p.6).

Tabela 1 – Exportações na província de Goiás (1884-1885) (valores em mil réis

QUANTIDADE POR GÊNERO	VALOR UNITÁRIO	VALOR TOTAL	% DO TOTAL
28.326 cabeças de gado vacum	2$500	70:815$000	87,75
549 ditas de animal cavalar	2$500	1:372$500	1,70
2.155 ditas de gado suíno	$500	1:077$500	1,34
50 ditas de dito lanígero	$500	25$000	0,03
17.03 peles cruas	$200	3:400$600	4,21
5.919 meios de sola e outras peles	$200	1:183$800	1,47
69.510 quilogramas de fumo (600 réis/15 quilos)	—	2:780$400	3,45
1.500 ditos de cristal (500 réis /15 quilos)	—	50$000	0,06

Obs.: No exercício supracitado, não houve nenhuma exportação de gêneros da lavoura.
Fonte: RPPGO (8.4.1886, p.14 e anexo).

No período de expansão da hidrovia da Paulista, a pecuária goiana já era a atividade econômica que gerava mais receitas para aquela província, seguida da produção do fumo. Os dados apresentados no relatório de seu presidente atestam esse fato. Organizados na Tabela 1, para uma avaliação mais clara dos valores expressos em mil-réis, incluímos uma coluna com o porcentual que cada produto representa no total das exportações.

O documento atesta a importância da pecuária para aquela economia, ao ter gerado, considerados os quatro primeiros itens, uma receita em torno de 90% do total das exportações. Dessa receita, 87,75% representavam a predominância da criação de gado vacum. Constata-se também que a província não desenvolvia produções de gêneros agrícolas para a exportação, a não ser a indústria do fumo. Os cereais, segundo o relatório, apesar das boas condições para a produção em razão das dificuldades para a exportação, não eram cultivados em larga escala, mas somente para atender ao consumo da província (RPPGO, 8.4.1886, p.15).

Podemos assim concluir que a província de Goiás se sustentava numa economia basicamente voltada para a pecuária e suas indústrias derivadas, uma vez que a extratividade mineral, outrora o forte dessa província, apresentava índices muito baixos de participação nas receitas.

Segundo Simonsen (1978, p.240), o "expansionismo paulista" na região das Gerais foi o grande responsável pelo desenvolvimento da pecuária nos sertões de Mato Grosso e Goiás, dando origem à formação de novos povoados e fazendas de criação.

Nos Campos de Vacaria, no sul de Mato Grosso, a criação do gado bovino, originário das estâncias dos missionários paraguaios, tinha assumido um grande desenvolvimento. Dele também lançaram mão os paulistas (ibidem, p.162).

A pecuária mato-grossense já havia tomado um certo impulso quando, em meados do XVIII, as minas entraram em declínio. Também nessa região, ela se transformou na atividade econômica de convergência de novos interesses. Já na primeira metade do XIX, D'Alincourt apresentou dados informando que "em 1826 o total de cabeças de gado em Cuiabá era de 161.416; em Diamantino, 1817 e em Mato Grosso (Vila Bela) 9.120, totalizando 172.353 cabeças" (Goulart, 1965, p.43).

A reduzida demanda pelo gado na região e o aumento progressivo dos plantéis forçaram a busca de distantes mercados consumidores. Assim, conclui Goulart (1965, p.43), os fazendeiros mato-grossenses, reunindo boiadas de mil a quatro mil cabeças, as conduziam em lotes espaçados para o leste, a fim de negociá-las em Minas Gerais:

As levas tomavam o caminho de Uberaba, através de Santana-do-Par[a]naíba ou, mais ao norte, cortando por Jataí, de Goiás, não só levando a marca dos criadores estabelecidos no vale do Miranda e Taquari, como ainda procedia dos campos mais distantes, beneficiados pelas alagações de Cuiabá.

Essa ligação do sul de Mato Grosso com Uberaba fica evidente quando, no ano de 1878, o presidente dessa província, João José Pedrosa, ao expor a situação econômica à Assembleia Legislativa, informava que não havia recebido os relatórios de "Sant'Anna do Paranayba". Alegava que, estando aquela municipalidade distante da capital (Cuiabá), as comunicações oficiais demoravam cerca de 90 dias para ser processadas, e que esse município estava mais voltado para as relações comerciais com as províncias de Goiás, São Paulo e Minas (RPPMT, 1878, p.23).

Esses setores direcionados para o mercado interno, que constituem Minas, Goiás e Mato Grosso, se inseriram por sua vez em um intenso circuito mercantil relacionado com o Sudeste brasileiro, onde trocas das mais variadas se efetivaram.

Dentre as mercadorias que se destacavam na importação para essa região encontramos o sal. De uso doméstico e na alimentação de animais, era também utilizado em grandes proporções na produção do charque. O charque, como consequência, teve o seu comércio bastante estimulado (Goulart, 1965, p.93).

Em Mato Grosso, a abundância de gados incentivou a fabricação de carnes secas.

Nos campos do pantanal (informam dois observadores daquela região) multiplicava o gado que ali se acumulava, pois, de há muito ultrapassavam de longe as necessidades regionais e, inicialmente, seu comércio era feito entre criadores do planalto do sul do Estado com os boiadeiros do Triângulo Mineiro. Nesse particular, as charqueadas ("saladeiros") respondem a uma necessidade de aproveitamento dessa riqueza, com os recursos locais, como forma mais avançada de esforço industrial. Porém, só com o desenvolvimento posterior do comércio poderia alcançar esse objetivo. (ibidem, p.98)

Embora a produção industrial do charque mato-grossense para exportação tenha ocorrido na segunda metade do século XIX (Nascimento, 1992, p.8), contemporaneamente à expansão do transporte ferroviário e hidroviário no Oeste Paulista, tal prática foi muito disseminada ao lado da pecuária desde os tempos coloniais.

Além de ser um dos escassos meios de se conservar a carne própria para o consumo por longo período, resolvia o problema de sua comercialização, pois o gado semovente para ser deslocado a longas distâncias representava um custo extremamente alto. Na forma de charque a carne tinha também o seu peso reduzido, o que facilitava o seu transporte. Esses fatores possibilitavam que essa suportasse, sem se deteriorar, a demora no transporte a longas distâncias.

Outro produto que utilizava o sal no seu processamento era o couro. Matéria-prima por excelência na equipagem das tropas, também marcou forte presença nos circuitos mercantis desde os tempos coloniais. De grande consumo interno e externo, Goulart (1965) e Caio Prado Jr. (1983, p.97) ressaltaram sua presença no rol de nossas exportações:

> Os couros, bem limpos, são metidos na salmoura que escorre das pilhas de carne; depois de vinte e quatro horas, tiram-nos, cobrem-nos de sal, dobram-nos e estão prontos a embarcar para os mercados da Europa, onde estimam muito os que são preparados desse modo. (Goulart, 1965, p.116)

O sal, nesse circuito mercantil que se intensifica com a pecuária e as suas indústrias derivadas, como a do charque e a do couro, teve uma presença que por si só mereceria um capítulo à parte, basta rever os dados estatísticos de Eschwege, porém isso ultrapassa os limites de nossos estudos.

Estando previsto pelo governo imperial o prolongamento de uma estrada de ferro de São Paulo para o Mato Grosso, a diretoria da Companhia Paulista, no ano de 1876, mandou proceder ao reconhecimento do vale dos rios Mogi-Guaçu, Pardo e Grande, para avaliar as vantagens que poderia ter, se lhe coubesse essa empresa.

O engenheiro Castro Barbosa, encarregado dos levantamentos, chamou a atenção para a presença de um intenso comércio do sertão de Minas entre "Uberaba e Sant'Anna do Paranayba" (Figura 4), onde o sal proveniente da província de São Paulo era o principal gênero de importação (RCPEFOP, 1.9.1876, p.102).

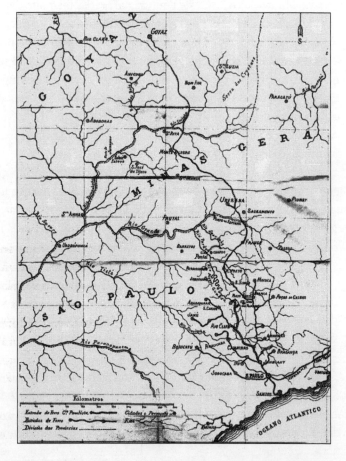

Figura 4 – Mapa da Estrada de Ferro Companhia Paulista com relação aos rios das províncias de São Paulo, Minas Gerais, Mato Grosso e Goiás. Fonte: RCPVFF (1887). Arquivo Museu Companhia Paulista.

Desistindo posteriormente a Paulista de construir essa linha férrea, como veremos em outra parte, lançou-se à navegação fluvial do Mogi-Guaçu. No ano de 1883, em levantamento sobre a possibilidade de navegação desse rio e as vantagens que poderia auferir com a sua exploração, o engenheiro encarregado, José Pereira Rebouças (RCPEFOP, 11.8.1883, anexo 7, p.3), reiterava a posição de Castro Barbosa sobre a importância do comércio com Minas, Goiás e Mato Grosso:

A navegação nos rios Mogi-Guaçu e Pardo servirá aos municípios do Descalvado, São Carlos do Pinhal, Araraquara, Jaboticabal, São Simão e Ribeirão Preto, sul da província de Minas e da província de Goiás, e às regiões marginais do rio Grande (Paraná depois da junção com o Paranaíba) da província de Mato Grosso.
Dos municípios acima citados poder-se-á contar com a importação e exportação. Para os demais pontos, haverá importação em larga escala do sal, gênero de primeira necessidade para o sertão em que a indústria principal é a criação de gado.
Pode-se asseverar sem hesitação, que o tráfego pela via fluvial nunca será menor de 450.000 arrobas, assegurando assim progressivo aumento de renda para as vias férreas da Companhia Paulista.

Fica evidente que a pecuária de Minas, Goiás e Mato Grosso e a sua indústria subsidiária, já na primeira metade do século XIX, apresentavam uma produção atrativa aos interesses mercantis das companhias ferroviárias paulistas.

Diante desses fatos, faz sentido que empresas como a Companhia Mogiana e Paulista de Estradas de Ferro, em seus interesses de expansão, tenham procurado ultrapassar a frente pioneira do café, que se estendia pelo vale do Mogi-Guaçu, no Oeste Paulista.

Resta verificarmos se os dados disponíveis sobre as flutuações do tráfego de importação e exportação na via fluvial nos permitem avaliar o grau de intensidade de produtos circulando entre esses diferentes mercados, o que faremos no Capítulo 3.

A navegação fluvial como estratégia de expansão

O café em sua itinerância, a partir da década de 1870, já ultrapassara o "Velho Oeste Paulista" cuja fronteira era Rio Claro e se projetava sobre o vale do rio Mogi-Guaçu, rumo a Ribeirão Preto, região que

50 HILÁRIO DOMINGUES NETO

nas duas últimas décadas do século XIX assumiria as prerrogativas de "eldorado do café".[13]

Nesse novo panorama, as empresas ferroviárias paulistas abriam seus caminhos de ferro acompanhando a marcha da frente pioneira, "integrando-a no perímetro da economia costeira capitalista e voltada para a exportação".[14] A tecnologia do vapor havia colocado à disposição dos novos empreendimentos um transporte mais moderno e eficiente. A ferrovia já havia dado os primeiros passos no Brasil, e na província de São Paulo iria suscitar grandes debates.[15]

O empreendimento ferroviário, demandando grandes investimentos em capitais privados, lutou para obter o apoio do Estado. Pleiteavam os agentes privados o estabelecimento de uma política que desse garantia aos capitais investidos na instalação das ferrovias, com medidas que protegessem o monopólio dessas, em vasta área onde conseguissem o direito de estender suas linhas. A Lei n.641, de 26 de julho de 1852, do governo imperial, veio atender a esses reclamos.[16] Foi esse o impulso inicial para o grande desenvolvimento ferroviário nacional.

Na província de São Paulo, a ferrovia se apresentava pois como o grande agente propulsor da economia cafeeira. Substituindo o transporte animal resolveria um grande impasse, o do seu elevado custo em razão do aumento progressivo do percurso até o porto de Santos, com a interiorização da frente pioneira.

---

13 Cf. Monbeig (1984, p.141); Bacellar (1999a, p.92); Gaeta (1998, p.31-3).

14 Cf. Dean (1977, p.37, apud Martins, 1997, p.58): "Atrás da linha da fronteira econômica está a frente pioneira, dominada não só pelos agentes da modernização, sobretudo econômica, agentes da economia capitalista (mais do que simplesmente agentes da economia de mercado), da mentalidade inovadora, urbana e empreendedora".

15 Ver a respeito, entre outros, Adolfo Pinto (1977, p.21-84).

16 Cf. Suplemento da *Revista Ferroviária* de abril de 1997, p.5: "A lei incluía nos incentivos, a garantia de juros de 5% sobre o capital empregado na construção de estradas de ferro, aos quais posteriormente os governos provinciais acrescentaram mais 2% pagos pelos seus cofres. Criava também o chamado privilégio de zona, não permitindo a construção de outras ferrovias numa faixa de 33 km para cada lado da linha sem o consentimento da ferrovia concessionária, e dava-lhe o direito de fazer desapropriações e explorar as terras devolutas, bem como isenção de impostos para o material importado, inclusive para o carvão que utilizasse como combustível".

Além desse problema, havia também os obstáculos impostos por estradas de rodagem de péssima qualidade, o que resultava quase sempre em prejuízos pela perda de mercadorias e animais (Saes, 1996, p.180). Algumas empresas, no afã de conseguirem seus intentos nas concessões, ao enfrentarem a concorrência de outras acabaram por abrir mão dos subsídios oferecidos pelo governo. Foi o caso da Companhia Paulista que, em 1880, ante a iminência da concessão pelo governo imperial do privilégio à Mogiana em estender suas linhas de Casa Branca a Ribeirão Preto, requereu à Assembleia Provincial esse mesmo direito, abrindo mão da garantia de juros (Zamboni, 1993, p.32).

A primeira iniciativa em se dotar a província paulista de ferrovias rumo ao Oeste, a construção da São Paulo Railway & Company, que no ano de 1867 ligava com seus trilhos Santos a Jundiaí, abriu caminho para o processo de expansão das estradas de ferro paulistas (Figura 5).

De Jundiaí em direção a Campinas prolongaram-se posteriormente os trilhos da Companhia Paulista, lá chegando em 1872, ano em que era constituída a Companhia Mogiana,[17] empresa com a qual iria disputar palmo a palmo o monopólio do tráfego de mercadorias no Vale do rio Mogi-Guaçu e das vizinhas províncias de Minas, Goiás e Mato Grosso (Figura 5).

Duas outras ferrovias nos interessam citar: a Ituana, que, constituída em 1870, partia de Jundiaí em direção a Piracicaba, entre os vales dos rios Tietê e Mogi-Guaçu; e a Companhia do Rio Claro, que, partindo da cidade de Rio Claro, onde a Paulista havia chegado em 1876, se dirigiu para São Carlos onde abriu sua estação em 1884 e no ano seguinte em Araraquara (Figura 5).[18]

Ao mesmo tempo que se desenvolviam as "ferrovias do café", todas empresas de capitais privados, o governo imperial, preocupado em proceder à integração territorial por um sistema de comunicações e transportes que resolvesse os problemas evidenciados no conflito com

---

17 Cf. Zamboni (1993, p.20): "É de 1872 – quando os trilhos da Paulista já atingiram Campinas – a inauguração da Companhia Mogiana de Estradas de Ferro e Navegação, de caráter exclusivamente privado".

18 A Tabela 10 complementa essas informações.

o Paraguai (1864-1870), propunha um plano para ligar o Sudeste, onde estava a sede do Império, à província de Mato Grosso.

Essa comunicação seria feita por meio de uma estrada de ferro que, se interligando à Estrada de Ferro D. Pedro II, seguiria por São Paulo, projetada para passar por Rio Claro, São Carlos e Araraquara, alcançando o rio Grande. O traçado inicial desse trecho paulista foi resultado do trabalho de uma comissão chefiada pelo engenheiro Pimenta Bueno.

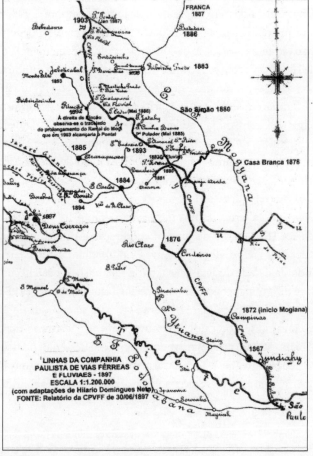

Figura 5 – Linhas da Companhia Paulista de Vias Férreas e Fluviais – 1897. Fonte: Relatório, Museu da Companhia Paulista, Jundiaí (SP).

Em 1876, a Companhia Paulista, que já havia alcançado com suas linhas a cidade de Rio Claro (Pinto, 1977, p.44), determinou proceder pelo engenheiro Castro Barbosa ao reconhecimento do terreno e levantamento do traçado de uma ferrovia que, partindo de Rio Claro, e passando pelos vales dos rios Mogi-Guaçu, Pardo e Grande, se dirigisse para o Mato Grosso (RCPEFOP, 1.9.1876, p.15).

É importante lembrar que, no relatório sobre a exploração e o levantamento que fez, Castro Barbosa apontava como aspecto positivo do traçado proposto o fato de que a Companhia captaria todo o comércio que se estabelecia do sertão de Minas entre "Uberaba e Sant'Anna do Paranayba" com a província de São Paulo. Observou a presença de uma intensa navegação pelos rios Mogi-Guaçu e Pardo, na qual o sal se apresentava como o principal produto de importação.

A Companhia Paulista requereu então em 19 de abril de 1876 ao governo geral a autorização para o empreendimento (RCPEFOP, 1.9.1876, p 102). Por motivos relacionados à não-aceitação do traçado que o governo queria impor, a Paulista desistiu desse intento, apresentando uma bem fundamentada resolução de sua diretoria.

A estrada de ferro para a província de Mato Grosso é, sem a menor dúvida, uma obra de maior e momentosa necessidade para segurança do Império, como um objeto de máximo interesse político, estratégico e administrativo que deve despertar da parte do Governo Imperial toda solicitude em prol de tão patriótico e grandioso cometimento, justificando também quaisquer sacrifícios que sua realização possa exigir dos cofres públicos.

Desde logo, porém, e por muito tempo, talvez não dará remuneração aos capitais que nela se empregarem, sendo até provável que nos primeiros tempos, e de certa distância em diante, não tenha renda suficiente para cobrir as despesas de custeio.

Sendo assim, e conquanto seja a Companhia Paulista que pode tomar a empresa a si com a máxima vantagem para o Estado, penso que nos termos do Aviso, não lhe convém fazê-lo... (RCPEFOP, 27.2.1881, anexo 8, p.64)

Mais tarde, no ano de 1880, o governo provincial concedia a uma empresa incorporada pelo engenheiro Adolpho Pinto, a concessão para

54 HILÁRIO DOMINGUES NETO

a construção do trecho ferroviário ligando Rio Claro a Araraquara, que posteriormente transferiu ao conde do Pinhal (Truzzi, 1986, p.110-11), vindo constituir a Companhia do Rio Claro (Gobatto, 1997, p.73-4). Por não concordar também com as condições com as quais foi privilegiada posteriormente a Companhia do Rio Claro, no emprego de bitola estreita, ao contrário do que estava antes previsto, os diretores da Paulista contestaram:

> O prolongamento da estrada da Companhia Paulista sempre foi imposto pelo governo como devendo se realizar pela bitola larga.
> Assim o determinou ele quando se tratou da estrada de Campinas ao Rio Claro; assim determinou ele quando se tratou da estrada de Rio Claro a S. Carlos e Araraquara.
> Agora repentinamente muda o pensamento do governo, e ele chama concorrentes para a construção dessa estrada que deve ser de bitola estreita!!!...
> Entretanto é preciso navegar porque a Companhia Paulista não deve, nem pode cruzar os braços diante destes acontecimentos. (RCPEFOP, 29.8.1880, p.XIX)

Essa concessão à Companhia do Rio Claro significava que a Paulista teria limitações ao prolongamento de seus trilhos pela margem esquerda do Mogi-Guaçu, em razão das restrições impostas pelo privilégio de zona.

No ano de 1880, os trilhos da Paulista chegavam a Porto Ferreira, quando passou a disputar com a Mogiana prolongamento para Ribeirão Preto. No entanto, essa concessão foi feita à Mogiana, que já havia atingido Casa Branca, autorizando ainda o governo que ela estendesse seus trilhos até as margens do rio Grande, na divisa com Minas (Pinto, 1977, p.52).

A polêmica que envolveu esse acontecimento foi de grande repercussão na época. Até mesmo autoridades de outras províncias interessadas na chegada dos trilhos paulistas naqueles sertões se manifestaram. O presidente da província de Goiás, dr. J. A. Leite de Moraes, no ano de 1881, saiu em defesa da Mogiana mediante um bem fundamentado documento encaminhado ao ministro da Agricultura, conselheiro Manoel Buarque de Macedo. Entre os vários argumentos que apresentou em favor daquela Companhia, sustentava que grande parte de Minas, Goiás e Mato Grosso exportava e importava por Casa Branca, e que a aquela ferrovia já vinha prolongando suas linhas em direção a Ribeirão Preto (Jornal *Opinião Liberal*, 1880, n.55). Sobre tais interesses, importa lembrar os trabalhos de Gitel Vugman (1976, p.9) e Maria Célia Zamboni (1993, p.88), que identificaram entre os objetivos da Mogiana o de ultrapassar os sertões paulistas alcançando pelo Triângulo Mineiro o coração do País, incorporando à economia paulista os núcleos de lavoura e criação de gado, entre os quais se incluíam os das províncias de Goiás e Mato Grosso.

Com as restrições impostas ao prolongamento por terra, resultantes do privilégio de zona que cabia à Mogiana, fechava-se a possibilidade de a Paulista expandir seus trilhos adiante de Porto Ferreira. Voltou-se essa então para outro objetivo, o de interligar a sua via férrea por meio da navegação fluvial pelos rios Mogi-Guaçu, Pardo e Grande, para conseguir, dessa forma, atrair para seu tráfego a produção das fazendas do Vale do Mogi-Guaçu e das distantes províncias do interior.

A ideia da utilização dessa via fluvial já aparecia nos planos oficiais no ano de 1869, quando chegara ao fim o conflito do Prata. Era manifestada pelo presidente da província paulista Borges Monteiro, em relação ao plano do governo imperial para alcançar Goiás e Mato Grosso, e consistia no prolongamento de uma ferrovia de Rio Claro até as margens do rio Mogi-Guaçu. Daquele ponto essa seria integrada a uma navegação fluvial que, pelos cursos dos rios Mogi-Guaçu, [Pardo] e Grande, no sentido do rio Paraná, alcançaria as províncias de Goiás e Mato Grosso (RPPSP, 1869, p.63).

Antecipando-se a qualquer iniciativa por parte do governo ou de particulares, a Companhia Paulista encarregou o engenheiro Walter Hammond que ,auxiliado pelo engenheiro ajudante H. B. Cox, procedeu no ano de 1882 a uma exploração naquela via fluvial para avaliar as possibilidades técnicas e econômicas, caso se decidisse pelo empreendimento. Nessa primeira incursão, saindo de Porto Ferreira pelo Mogi-Guaçu, numa extensão de 332 quilômetros entrando pelo rio Pardo, constatou que o trecho seria navegável mediante

56 HILÁRIO DOMINGUES NETO

algumas obras de adequação do leito dos rios, especialmente nos locais das cachoeiras.

Em seu relatório, Hammond destacava a importância econômica da navegação. Distante de 40 quilômetros de Porto Ferreira, onde mais tarde seria instalada a estação fluvial de Porto Amaral, estimava para o ano de 1884 uma produção de cerca de 1.500 toneladas de café. Observava ainda que a companhia também muito poderia lucrar com a extração de madeiras de lei, abundantes nas margens dos dois rios.

Apontava ainda as vantagens que poderia ter ao integrar seu tráfego aos mercados do sertão, transportando grande parte do sal em demanda do rio Grande (RCPEFOP, 25.2.1883, p.X-XI).

Em 17 de janeiro de 1883, a Companhia Paulista requeria à Assembleia Provincial a concessão do privilégio, por trinta anos, sem nenhum ônus para os cofres provinciais, para a navegação dos rios Mogi-Guaçu e Pardo, até a barra do rio Grande (RCPEFOP, 25.2.1883, p.X-XI).

O processo de concessão do direito à navegação dos referidos rios pela Paulista foi bastante tumultuado. Tendo a Assembleia Provincial acolhido o solicitado, elaborou um projeto de lei concedendo o privilégio; porém, o presidente da província de São Paulo, conselheiro Soares Brandão, vetou tal propositura, alegando que a navegação do Mogi-Guaçu e outros a que ele se ligava não se restringia aos interesses da província de São Paulo, mas também das de Minas, Mato Grosso e Goiás, e, portanto, dependiam de deliberação do governo geral.

O projeto voltou à Assembleia Provincial, e quando estava pendente de nova votação, a Paulista tomou conhecimento que a diretoria da ferrovia do Rio Claro havia requerido ao governo geral privilégio idêntico. Estando novamente a Paulista ameaçada de ficar estacionada com seus trilhos em Porto Ferreira, entrou com uma representação contra aquele pedido, e requereu o privilégio por trinta anos, alegando prioridade na ideia da navegação cujos estudos já havia feito há muito tempo.

O governo geral, após ouvir os representantes das duas empresas, decidiu por indeferir o requerido por ambas, alegando que não devia o Estado intervir naquela questão, que deveria se regular pelos princípios gerais de liberdade da indústria (RCPVFF, 27.9.1885, p.8-10).

NAVEGANDO O MOGI-GUAÇU **57**

Ficando a implantação da navegação aberta à iniciativa privada, a Paulista mandou no ano de 1883 proceder a uma nova exploração daquela via fluvial, encarregando dessa feita o engenheiro José Pereira Rebouças. Esse, assim como seu antecessor, o engenheiro Hammond, constatou um florescente desenvolvimento da cafeicultura em toda a extensão do vale do Mogi-Guaçu, até a região de Ribeirão Preto. Na frente pioneira, a navegação fluvial atenderia aos municípios de São Carlos do Pinhal, Araraquara, Jaboticabal, São Simão e Ribeirão Preto, de onde poderia contar com a importação e a exportação. Para os sertões de Minas, Goiás e Mato Grosso, onde se desenvolvia a pecuária, e o sal, gênero de primeira necessidade, era vendido na vila de Frutal a preços exorbitantes e poderia criar no Porto do João Gonçalves, que servia àquela localidade, um importante empório mercantil para o comércio daquele produto (Braga & Domingues Neto, 1999, p.19-21). Estimava que a companhia teria um tráfego na via fluvial nunca inferior a 450 mil arrobas [6.700 toneladas] de mercadorias, o que propiciaria um progressivo aumento da renda de suas vias férreas (RCPEFOP, 11.8.1883, p.9-10).

A Companhia Paulista de Estradas de Ferro do Oeste da Província tomou então as primeiras providências para a instalação da via fluvial, mas somente no ano de 1886 se definiu finalmente a questão da concessão do privilégio à navegação. O Decreto n.9753, de 6 de maio daquele ano, do governo imperial, concedeu à Companhia Paulista o privilégio por dez anos para a navegação dos rios Pardo, Mogi-Guaçu e Grande. Em seguida, no mês de agosto, esse privilégio era elevado para trinta anos (RCPVFF, 25.9.1887, p.13).

A companhia ficou reduzida ao tráfego de uma zona muito limitada, ao passo que as outras companhias foram gozando do tráfego das zonas mais ricas mencionadas, que sempre foi alvo de prolongamento da Paulista. Esta viu-se portanto reduzida à absoluta necessidade de navegar os rios Mogi-Guaçu e Pardo, para em parte reaver o que dela os outros tinham tirado.

Tendo isto em mira, ela tinha de escolher o meio mais favorável e pô-lo em vigor, não poupando esforços para fazer a navegação, igual em ponto de segurança e regularidade a uma estrada de ferro, e superior a elas quanto às tarifas que são sempre mais baixas... (RCPVFF, 27.9.1885, anexo 7, p.74).

58 HILÁRIO DOMINGUES NETO

A navegação fluvial, portanto, constituiu-se para a Paulista numa opção imediata para manter-se atuando em condições de eficiência – atitude transitória, única, que o momento lhe oferecia – certamente já pensando num futuro próximo em reverter esse quadro, o que viria a ocorrer com a incorporação de algumas ferrovias que lhe eram concorrentes, como veremos em outra parte.

> Que a Paulista tem imperiosa necessidade de sair do vale em que ela foi fechada, não resta dúvida, assim como, deve ela fazer o serviço da navegação de tal maneira que possa em todos os sentidos comparar com uma estrada de ferro, fazendo concorrência para parte do tráfego das grandes províncias além do rio Grande, onde brevemente haverá tráfego, e talvez de sobra, isto é: para a navegação e as estradas... (RCPVFF, 27.9.1885, anexo 7, p.76)

Em tais circunstâncias é plenamente justificável que a Companhia Paulista tenha ido buscar num distante mercado relações econômicas que o capital em expansão requeria.

O cafeicultor paulista, por sua vez, maior acionista dessas empresas, tinha consciência que mais à frente elas se destinariam a transportar o produto dos cafezais que iam se formando adiante, por sobre os veios de terra roxa,[19] o café da melhor qualidade, que ficou conhecido como o "café de Ribeirão Preto".

---

19 Alfredo Ellis Jr. (1960, p.232-3), descendente de um desses pioneiros, o tenente-coronel Francisco da Cunha Bueno, relatou esse roteiro para o Oeste: "A Paulista atingiu Rio Claro em 1876, mas dois anos antes o 'land-lord' Chiquinho da Cunha Bueno, com seu sobrinho e genro, o dr. Alfredo Ellis estavam abrindo nova fazenda de café, nas vertentes da margem esquerda do rio Mogi-Guaçu, mais de 200 quilômetros adiante da via férrea. Quando a ferrovia chegou ao alcance econômico da fazenda, já a produção de várias safras poderia ser exportada com lucros maiores. Eis em que consistiu [o seu pioneirismo]". Cf. Carlos Belluz (1991, p.50), outro pioneiro da cafeicultura no vale do Mogi-Guaçu, foi o Coronel Bento José de Carvalho, ituano que em 1876, estimulado por seu amigo "Martinico" Prado, também cafeicultor na região, comprou uma gleba de terra roxa na Serra de Santa Rita, abrindo a fazenda Taquaral.

2
O RIO SE LIGOU AO MAR PELOS CAMINHOS DE FERRO

> *"São de primeira necessidade as vias de comunicação convergentes às diversas estações da estrada de ferro; e parece também ser já tempo de criar-se a navegação no Mogi-Guaçu."*
> (Eng. Francisco Lobo Leite Pereira, RCPEFOP, 29.8.1881, p.40)

A tecnologia da navegação fluvial

O objeto deste capítulo é o estudo das condições tecnológicas que encontrou a Companhia Paulista para integrar à sua ferrovia uma navegação fluvial a vapor, e de como ela a manteve operando por quase duas décadas num rio com as características do Mogi-Guaçu.

No que se refere ao processo de expansão ferroviária, veremos que esse só se viabilizou a partir do momento que o Estado criou condições atrativas aos investimentos privados, como a garantia de juros, o privilégio de zona e a isenção de tributos sobre a importação de máquinas e equipamentos para a implantação ferroviária, entre outros.

O transporte hidroviário da Companhia Paulista, por ter se constituído numa extensão do ferroviário e ter sido regido por um mesmo estatuto, seguia idêntica política administrativa, sendo a navegação

60 HILÁRIO DOMINGUES NETO

fluvial considerada uma "seção" do complexo de transportes ferro-hidroviário da empresa.

Para a implantação das ferrovias ficamos totalmente dependentes da importação de máquinas e diversos outros equipamentos, pois não possuíamos em nível local quem os produzisse. Com a navegação fluvial teria ocorrido o mesmo? Dispúnhamos no País de uma indústria naval capaz de suprir tais empreendimentos?

Tentaremos chegar a uma resposta a essas questões partindo de uma breve revisão da importância da navegação marítima e fluvial na formação histórica do Brasil colônia. Com sua imensa costa marítima e as dificuldades de penetração para o interior, a ocupação territorial, nessa primeira etapa do povoamento, privilegiou basicamente o litoral. As comunicações e os transportes com os diferentes pontos de nosso território e com exterior eram feitos, quase que exclusivamente, por mar. Para o interior, as incursões em busca de mão de obra silvícola, as de caráter exploratório, ou mercantis, também se valeram em grande parte das vias fluviais (Lima, 1970, p.67-8).

A navegação, principal meio de comunicação e transporte, diante da grande disponibilidade de madeiras adequadas à indústria naval, foi bastante incentivada desde os primórdios do povoamento pelos governos do Brasil colônia. Todos os portos e feitorias ao longo do litoral dispunham de pequenos estaleiros para a construção de barcos. Com o tempo, esses passaram a desenvolver uma tecnologia que os habilitava ao fabrico de navios e ao reparo e aprovisionamento das embarcações. Esses estaleiros eram chamados de "Ribeira das Naus" (ibidem).

No tempo do governo geral de Tomé de Souza (1549-1553), foi criado oficialmente na Bahia o primeiro estaleiro, a Ribeira das Naus, também conhecido como Ribeira de Góis. Em razão de sua intensa atividade na produção de embarcações, tornou-se o maior centro da indústria naval na colônia (ibidem, p.71).

Por sua condição colonial, integrado à política ultramarina mercantil portuguesa da Idade Moderna, o Brasil vinculou-se a uma estrutura de apoio tecnológico naval imprescindível para a expansão metropolitana por meio da navegação intercontinental, conhecida como a "Carreira das Índias".

NAVEGANDO O MOGI-GUAÇU 61

Esse fator foi responsável pelo desenvolvimento de tecnologias navais cujo centro mais dinâmico foi a Bahia, com seus estaleiros concentrados em Salvador, que nos séculos XVII e XVIII participaram da grande empresa naval lusitana, na manutenção e construção de embarcações de longo curso (Lapa, 1968, p.305; 307-21; 327-43). Diante dessa constatação, não se pode negar que a inserção do Brasil colônia na rota mercantil da metrópole (ibidem, p.1) deva ter propiciado um significativo conhecimento da arte naval.

Após a Revolução Industrial inglesa do século XVIII, o uso do ferro e do aço possibilitaria, junto à invenção de mecanismos impulsionados pela energia a vapor, libertar a navegação das restrições impostas ao seu pleno emprego entre os continentes.

O aperfeiçoamento da máquina, o aparecimento do carvão mineral (hulha) como fonte combustível, o advento da energia a vapor e o desenvolvimento da siderurgia representaram, pois, um grande peso na alavancagem do processo de produção industrial. Ao mesmo tempo, tais inovações passaram a ser incorporadas na modernização dos transportes, substituindo a energia animal ou eólica pela energia a vapor.

Com os engenhos a vapor na propulsão das embarcações, essas adquiriram maior autonomia na navegação. Coube ao americano Robert Fulton, em 1807, realizar a primeira experiência fluvial, subindo o rio Hudson, de Nova York a Albany, com o vapor Clermont, cobrindo um percurso de 240 quilômetros em 32 horas (Pinto, 1997, p.282). Segundo Silva (1904, p.113): "[...] depois dessa experiência decisiva, o Clermont foi posto imediatamente a serviço de passageiros. Cinco anos depois estavam igualmente a serviço 50 vapores semelhantes".

A repercussão dessa conquista tecnológica foi expressiva, tanto na navegação interior – com o aproveitamento dos cursos dos rios, dos canais e de lagos – como na navegação de longo curso – de cabotagem ou intercontinental. Estava finda a dependência em relação à propulsão animal e eólica. Na Europa, a navegação a vapor interior assumiu uma importância decisiva nas comunicações.

A partir de 1830, assistimos a uma revolução técnica nos rios. Os barcos eram muitas vezes ainda puxados por cavalos; no entanto, já esses

62 HILÁRIO DOMINGUES NETO

lentos coches aquáticos que caminhavam ao longo das margens eram ultrapassados por novos engenhos a vapor, que vogavam corajosamente por meio das águas. Algumas velhas pontes do Loire tiveram que ser recortadas e algumas vezes substituídas por ligeiras passadeiras de ferro capazes de deixar passar as chaminés dos novos aparecidos. Graças ao vapor, estava-se menos a mercê dos ventos, menos à mercê das correntes e dos bancos de areia. (Morazé, 1965, p.230)

O grande avanço na tecnologia naval, porém, ainda estava por vir. Coube à Inglaterra a iniciativa pioneira, quando, aproveitando o seu potencial siderúrgico, passou a substituir os cascos de madeira pelos de ferro nas embarcações. Em seguida, a partir da inovação de Bessener em 1856, da produção do aço por um processo mais econômico e eficiente, esse passou a substituir com grande vantagem o ferro dos cascos das embarcações, propiciando maior resistência com menor espessura, ampliando a capacidade de cargas das embarcações (ibidem).

No Brasil, o emprego da navegação a vapor teve início em 1818, com a inauguração da primeira linha de cabotagem entre São Salvador e os rios do Recôncavo da Bahia; porém, somente a partir da segunda metade do século XIX, ela se intensificou em nossos mares e rios (Carvalho, 1930, p.450).

Embora o primeiro ato dos poderes públicos, tratando da navegação marítima a vapor, tenha ocorrido no ano de 1833, somente no ano seguinte o governo fazia a concessão à Companhia Niterói para estabelecer esse tipo de navegação nas baías e rios da província do Rio de Janeiro. Em 1836 essa empresa começou a operar um serviço de navegação de cabotagem que chegou a se estender a outros pontos do litoral (Pinto, 1977, p.283-84).

Em 1837, a Companhia Brasileira de Paquetes a Vapor passou a atuar na navegação de cabotagem em toda a costa brasileira (ibidem, p.284-6).

No ano de 1843, se estabelecia a primeira linha regular de paquetes a vapor entre o Brasil e a Europa, mediante contrato com o governo francês, e, sete anos depois, em 1850, essa ligação se fez com a Inglaterra, por intermédio da Real Companhia Britânica. Embora ainda se empregasse a navegação a vela, aos poucos a navegação a vapor se

NAVEGANDO O MOGI-GUAÇU **63**

disseminou pelo litoral brasileiro, tanto entre as embarcações das rotas internacionais quanto nas empregadas na cabotagem (ibidem).

No ano de 1851, antecedendo, pois, os incentivos[1] que seriam dados aos empreendimentos ferroviários em 1852, o governo imperial concedia a garantia de juros de 8% sobre o capital empregado, ou uma determinada subvenção financeira, para as companhias que estabelecessem linhas regulares entre os portos do Rio de Janeiro, São Paulo e Santa Catarina (ibidem, p.286).

Assim como ocorreria com as empresas ferroviárias, que após a lei de 1852 passariam a expandir suas linhas, a partir de 1851, várias companhias de navegação se organizaram no País para explorar a navegação costeira (ibidem).

Para dar apoio ao desenvolvimento ferroviário, as empresas criaram oficinas mecânicas que atuariam como verdadeiras unidades fabris dirigidas por um corpo de profissionais altamente especializados.[2] Cabe perguntar se a navegação fluvial teria provocado um processo semelhante de instalação de oficinas ligadas a esse ramo industrial.

Existiriam no Brasil estaleiros que, formados em razão desse necessário apoio logístico à navegação marítima, poderiam ter atendido às demandas da Companhia Paulista, no projeto e construção das embarcações para a navegação no Mogi-Guaçu?

A resposta para essa questão poderá nos conduzir aos motivos pelos quais essa empresa foi buscar no exterior a tecnologia e o material para implantar a navegação fluvial no rio Mogi-Guaçu.

Segundo Bianchi (1987, p.9), a primeira iniciativa visando implementar a construção naval dotada da tecnologia a vapor no Brasil foi obra de Irineu Evangelista de Sousa, o visconde de Mauá. Da viagem que fez à Inglaterra em 1840, trouxe a ideia de construir uma fundição

---

1 Lei n.641, de 26 de julho de 1852, que estabelecia garantia de juros de 5% aos capitais investidos, privilégio de zona, isenção de tarifas de importação de equipamentos etc.

2 Cf. Ana Lúcia Duarte Lanna (1999, p.6), "As Oficinas da Companhia Paulista, localizadas em Jundiaí e Rio Claro eram verdadeiras fábricas onde montavam-se e mantinham-se máquinas que faziam funcionar o sistema ferroviário estruturado pelos caminhos da Paulista".

de ferro destinada a produzir maquinismos em geral, atuando também no ramo da indústria naval. Após comprar o estabelecimento da Ponta da Areia, deu a esse um grande desenvolvimento. Em seus primeiros onze anos de existência, chegou a produzir 72 navios, a maioria a vapor e alguns a vela (Figura 6).

Figura 6 – O estabelecimento de Ponta de Areia, em litografia de Bertichen. Fonte: Museu Imperial (RJ).

Alterações introduzidas na legislação aduaneira sobre a importação de artefatos de ferro possibilitou que navios similares aos que produzia, bem como mecanismos a vapor e outros equipamentos da indústria naval fossem importados com isenção de impostos. Essa atitude governamental acabou contribuindo para a decadência daquele estaleiro (ibidem).

Após um incêndio que destruiu praticamente todas as instalações do Ponta de Areia, Mauá o reconstruiu à custa de um vultoso empréstimo, deixando-o em condições de produzir em larga escala; no entanto, diante da falta de encomendas pelo Estado e da reduzida demanda por particulares, foi levado a fechar a empresa (ibidem, p.9-10).

Outro fator de peso para o insucesso do empreendimento de Ponta de Areia foi a atuação do Estado imperial no setor da construção naval, que passou a equipar a Armada com seus artefatos de guerra.

Fundado em meados do século XVIII no Rio de Janeiro, o Arsenal de Marinha da Corte teve o seu pleno desenvolvimento a partir do Segundo Reinado, voltado para suprir de navios a nossa Marinha, envolvida no conflito entre 1864 e 1870 com o Paraguai (Ferreira, 1990, p.14-9).

Na década de 1860, o arsenal já dispunha de uma tecnologia naval que nada ficava a desejar às das nações industrializadas. Os investimentos em fundição em suas oficinas possibilitavam até mesmo a fabricação de caldeiras a vapor (ibidem, p.50).

Dada a incipiente indústria siderúrgica nacional,[3] quase todo o ferro usinado era importado, utilizando-se somente as peças fundidas em ferro gusa da Fábrica de Ferro de Ipanema, material cujo emprego era bastante limitado, em razão das dificuldades de transportes, cujos custos tornavam seus preços superiores ao de congêneres importados (ibidem).

O governo imperial ainda mantinha outros arsenais em atividade para atender às necessidades da Armada, embora não dispondo esses da infraestrutura tecnológica como a do instalado na Corte. No relatório do Ministério da Marinha referente aos anos de 1880 e 1881, constata-se o registro dos arsenais na Bahia, em Pernambuco, no Mato Grosso e no

---

3 Cf. Lídia Besouchet (1978, p.41-2): "O Brasil desde 1808 estabelecera no Morro do Pilar, em Minas Gerais, o primeiro alto-forno. Um ano mais tarde, Eschwege estabeleceu uma fábrica de fundição de ferro em Congonhas do Campo, também em Minas Gerais. Em 1813, Varnhagen (o pai do historiador, Visconde de Porto Seguro) instalou a fábrica de ferro de São João de Ipanema (São Paulo). Entretanto, os resultados não foram favoráveis e começou a pesar aos cofres públicos, em vez de uma fonte de renda como se propunha. Vários fatores influíram para o não rendimento da fundição: pessoal insuficiente, que apenas chegava para os trabalhos de restauração e conservação, e falta de matas próximas. O emprego do carvão mineral parecia não convir porque o ferro obtido dessa forma saía ao mercado por preço superior ao do combustível vegetal. Ademais, os fornos e os aparelhos instalados não serviam para uma transformação da matéria-prima empregada... Com a chegada de imigrantes suecos em 1818 correu o ferro pela primeira vez nos altos-fornos. Em 1821, uma outra companhia metalúrgica se instala no Brasil sob a direção de técnicos prussianos. Nenhuma deu resultado. A iniciativa de Ponta de Areia visava a reavivar a indústria siderúrgica e metalúrgica que pouco a pouco fora abandonada pelos poderes públicos por causa de sua pouca rentabilidade".

66 HILÁRIO DOMINGUES NETO

Pará,[4] com a observação de que somente os da Corte, de Mato Grosso e do Pará correspondiam às despesas para a conservação em atividade, encontrando-se os demais em decadência (Brasil, 1880-1881, p.32-42). Essa característica de produção naval voltada para equipar a Armada nacional se manteve no Arsenal da Corte, mesmo após o fim do conflito com o Paraguai, tendo encerrando sua produção com a entrega do cruzador Tamandaré à Armada em 1890 (Ferreira, 1990, p.59-60). Quanto aos estaleiros privados, anúncios comerciais do ano de 1882 atestam a existência de estabelecimentos navais como o da firma Barata Ribeiro & Cia., no Rio de Janeiro, oferecendo-se para a construção de embarcações de qualquer natureza, tanto de madeira como de ferro, a vela ou a vapor, atuando também como serraria a vapor e importadora de engenhos navais e de outros equipamentos do exterior. A mesma fonte indicava ainda a presença, na sede da Corte, da firma A. G. de Mattos & C. Engenheiros e Construtores Navais (Laemert, 1882, p.2278). O estaleiro da firma Miers & Irmãos Co. no Rio de Janeiro, do ramo da construção naval particular, atendia a encomendas até mesmo do próprio Arsenal da Corte (Ferreira, 1990, p.52). Em levantamento feito por Júlio Ferreira (1990, p.61-2) sobre embarcações construídas pelos estaleiros particulares no Brasil, no período de 1837 a 1885, o que se observa é que a totalidade dessas tinha a estrutura do casco em madeira. Isso nos leva a pressupor que, embora estaleiros como o da firma Barata Ribeiro se propusessem à construção de artefatos navais de ferro, essa prática foi pouco disseminada na indústria naval privada.

Os custos de produção, em razão do alto preço do ferro e do aço importados, aliado aos incentivos fiscais com que se beneficiava a indústria naval estrangeira, certamente afastavam os estaleiros privados da concorrência nesse mercado.

---

4 Cf. Heitor Ferreira Lima (1970, p.74-5), "o Pará depois da Bahia, foi o lugar onde maior incremento teve a construção naval nos tempos coloniais. O estaleiro de Belém entre 1789 e 1800 chegou a produzir 4 fragatas, 3 charruas, 3 bergantins, 12 chalupas artilhadas e outras embarcações menores. E, 1821 construiu para a marinha de guerra portuguesa, uma nau, cinco fragatas, quatro charruas, quatro brigues e doze chalupas artilhadas. Em 1823 estava em acabamento em seus estaleiros uma fragata de guerra".

NAVEGANDO O MOGI-GUAÇU 67

Dentro de tais limitações, certamente não poderia a indústria naval brasileira ter atendido às especificações requeridas pela hidrovia a ser instalada pela Companhia Paulista, motivo pelo qual essa empresa foi buscar na Inglaterra a equipagem para seu empreendimento. Apesar do grande avanço na técnica naval marítima, a nossa experiência na navegação interior em rios de planalto era bastante rudimentar. Tradicionalmente consistia na canoagem, que dada a propulsão a remo, vela e varejão encontrava nas corredeiras e quedas d'água um permanente obstáculo. A história das monções bandeirantes rumo aos sertões bem retrata tais dificuldades (Holanda, 1976, especialmente o cap.V).

O emprego de embarcações de maior tonelagem a vapor, rebocando barcos de carga, em rios de planalto de difícil navegação, era uma iniciativa inédita no Brasil do século XIX, porém já há muito disseminada nos Estados Unidos e na Europa (RCPVFF, 28.9.1884, p.29-30).

Visto dessa perspectiva, certamente não restava alternativa à Companhia Paulista a não ser procurar no exterior um sistema de navegação fluvial que, instalado em rios com as características do Mogi-Guaçu, servisse de modelo ao seu projeto.

Havia no Brasil pessoal qualificado para a execução de tais empreendimentos? A mão de obra especializada para levar à frente essa empresa, do projeto à instalação da infraestrutura hidroviária, foi encontrada entre os próprios engenheiros da Companhia Paulista, nessa altura, já dotados de conhecimentos que as nossas escolas de engenharia ofereciam. Cabe aqui entender a sua origem.

Esse ensino se desenvolveu a partir da primeira década do século XIX, sob a influência dos cursos de escolas militares, com uma formação direcionada para a engenharia de construção de caminhos, portos, canais, pontes, fontes e calçadas (Nagamini, 1994, p.133-4). Essa tendência persistiu até a separação da engenharia civil do ensino militar, em 1858, com a criação da Escola Central. Nesta, as disciplinas referentes às construções ferroviárias e portuárias marcavam presença no currículo (Nagamini, 1994, p.136).

A partir desse momento, sucedem-se as instituições voltadas para a formação de especialistas em construções e ferrovias: em 1874 é criada a

68 HILÁRIO DOMINGUES NETO

Escola Politécnica do Rio de Janeiro com curso de engenharia civil; em 1876, a Escola de Minas de Ouro Preto, com os cursos de Engenharia de Minas e Civil, que em 1882 inclui em seu currículo as disciplinas Estradas de Ferro, Resistência dos Materiais e Construção, culminando com a criação da Escola Politécnica de São Paulo em 1894 (ibidem, p.137).

No período de instalação das ferrovias entre 1850 e 1870, predominaram os engenheiros estrangeiros na elaboração de estudos preliminares e projetos, ficando ao encargo dos brasileiros a fiscalização e os trabalhos de instalação. A partir de 1870, esse quadro se modificou, com uma maior participação de engenheiros brasileiros formados nas escolas citadas, na direção das estradas de ferro, como foi o caso dos engenheiros Walter J. Hammond e José Pereira Rebouças (ibidem, p.138).

Nos últimos vinte anos do Império, já aparecem os engenheiros nacionais especializados em obras hidráulicas e, dentre eles, merecem especial destaque: André Rebouças, Borja Castro, Honório Bicalho, Francisco Bicalho, Adolpho Del-Vecchio, Ewbank da Câmara, Alfredo Lisboa, Sérgio Saboia e B. Weinshenck. (Carvalho, 1930, p.450)

Ao tratarmos da inserção da tecnologia da navegação a vapor no rio Mogi-Guaçu pela Companhia Paulista de Vias Férreas e Fluviais, o faremos sob dois enfoques: de um lado, descreveremos como se desenvolveram os estudos e trabalhos de implantação da infraestrutura que viabilizou uma hidrovia em um rio que, como a grande totalidade de nossos cursos d'água de planalto, oferecia vários obstáculos à livre navegação; de outro, observaremos como foi mobilizada a mão de obra para a instalação da empresa e das condições de trabalho a que tiveram de se submeter.

Para estabelecermos qualquer juízo de valor no campo das iniciativas tecnológicas relacionadas à hidrovia, não há como fugir da transcrição literal de alguns trechos dos relatórios sobre os levantamentos realizados pelos engenheiros da Paulista.

O primeiro relato vamos extrair das palavras do presidente interino da empresa, o sr. Fidêncio Nepomuceno Prates, em exposição que fez aos acionistas em assembleia, em fevereiro de 1883 (RCPEFOP, 25.2.1883, p.IX-X):

Reconhecendo a Diretoria as vantagens para a Companhia Paulista de realizar a navegação dos rios Mogi-Guaçu e Pardo; achando-se ao mesmo tempo informada de embaraços a ela postos por diversas corredeiras existentes no leito daqueles rios, para formar um juízo a respeito do assunto, deliberou mandar seus engenheiros procederem à exploração dos mesmos.

Acertada foi esta deliberação, porque os conhecimentos adquiridos nos convenceram da praticabilidade da mencionada navegação a vapor, mediante alguns melhoramentos a fazer no leito daqueles rios. Do relatório do nosso engenheiro sr. W. J. Hammond, encarregado desta exploração, auxiliado pelo sr. H. B. Cox, Engenheiro Ajudante, consta o seguinte: "A exploração teve principio na ponte do Porto Ferreira, próximo à qual tem a Companhia Paulista a estação terminal de sua linha com a mesma denominação, e estendeu-se a 233 quilômetros".

Nesta extensão existem as corredeiras denominadas Joaquim do Porto, Prainha, Escaramuça, Boa Vista, Cordão e Córrego Rico pertencentes ao Mogi-Guaçu, oferecendo todas à navegação de vapores, embaraços vencíveis.

Reconheceu, entretanto, que desde já pode ser feita a navegação do rio Mogi-Guaçu na extensão de 233 quilômetros, abrangendo o rio Pardo, feitas algumas obras de arte para desobstruí-los e melhorá-los nas pequenas cachoeiras referidas, notando mais, serem livres e cômodos à navegação destas até a do Marimbondo no rio Pardo.

Um segundo levantamento foi posteriormente mandado realizar pela Companhia Paulista. Encarregado, o engenheiro civil José Pereira Rebouças, em julho de 1883, apresentou detalhado relatório com os estudos sobre a navegabilidade dos rios Mogi-Guaçu e Pardo.

O levantamento teve início em Porto Ferreira, estação terminal da ferrovia, descendo o rio Mogi-Guaçu numa extensão de 205 quilômetros, até a confluência com o rio Pardo, e desse avançando mais 100 quilômetros até alcançar o rio Grande (RCPEFOP, 11.8.1883, Anexo 1).

Do trabalho resultaram observações sobre as condições e localização dos canais possíveis à navegação, dos obstáculos oferecidos pelas inúmeras corredeiras e cordões de pedra que impediam a livre navegação (Quadro 1).

70 HILÁRIO DOMINGUES NETO

Quadro 1 – Parecer técnico sobre a navegação dos rios Mogi-Guaçu, Pardo e Grande, pelo engenheiro civil José Pereira Rebouças

PROBLEMÁTICA APRESENTADA	PROPOSTA OU AVALIAÇÃO TÉCNICA
MATERIAL FLUTUANTE Em virtude de os rios na estiagem apresentarem trechos de profundidade mínima de 0,60 m.	Emprego de barcos a vapor de calado de até 0,40 m, rebocando canoas nas mesmas condições.
VELOCIDADE DE ÁGUA A VENCER Nos rios Mogi-Guaçu e Pardo até a cachoeira de S. Bartolomeu, a velocidade das águas não ultrapassa ao valor máximo previsto pela engenharia naval para vapores transporem corredeiras.	Segundo opinião de engenheiro americano especializado para a navegação a vapor a velocidade máxima de água a vencer é de 2,50 m/seg.
COMBUSTIVEL	LENHA Madeiras às margens do Mogi-Guaçu e Pardo (em grande quantidade). Nota: Seriam utilizados o carvão mineral e a lenha pelos vapores.
SISTEMA DE PROPULSÃO Descreveu vários estudos especializados, sobre qual tipo seria o mais adequado. Citou o de roda de pás na popa e os a hélice. Nota: Seria usado o sistema de roda de pás.	Sugeriu o de dupla hélice, devido à facilidade de substituição em caso de avarias. Observa-se nos estudos que fez, uma preocupação em analisar todas as viabilidades, consultando variada literatura especializada e observando experiências de emprego da referida navegação em outras hidrovias, no Brasil e no exterior.
SISTEMA DE NAVEGAÇÃO A SIRGA Navegação que emprega a tração animal ou mecânica, a partir de um ponto fixo do leito ou das margens do rio, com a finalidade de auxiliar as embarcações a vencerem a correnteza.	"A análise das velocidades, que encontramos nas corredeiras, as quais estudamos, conduziu-nos a achar muito vantajosa a adoção do sistema de sirga na navegação do rio Mogi-Guaçu." Nota: Seria empregado esse sistema na hidrovia, por energia mecânica com o emprego de correntes e tração por guincho a vapor.
CALADO Importante fator a ser determinado para as embarcações.	Propôs o emprego de casco tipo prancha, com calado de 0,30 m. Observou que já eram produzidos esses vapores de ferro e aço maleável na Europa e nos Estados Unidos.
PORTO FERREIRA Por estar a estação afastada da margem do rio Mogi-Guaçu, apontou a necessidade em estender a linha férrea até aquele local onde seria construído um armazém de carga.	Propôs o prolongamento da linha férrea até a margem do rio Mogi-Guaçu e a construção de um armazém de carga e porto com aparelhos para elevação das cargas.

Fonte: RCPEFOP (11.8.1883, Anexo 1, p.1-28).

Esse engenheiro ratificava o parecer preliminar de Hammond, de que os rios Mogi-Guaçu e Pardo ofereceriam condições para a navegação fluvial para vapores de calado até 0,40 metro, desde que fossem feitas as obras necessárias para eliminar os obstáculos oferecidos, e fossem introduzidos alguns melhoramentos, como a correção e o aprofundamento de alguns canais e a construção de diques.

Essa limitação quanto ao calado das embarcações devia-se ao fato de que na época de estiagem, correspondendo ao período de julho a dezembro, as águas nas corredeiras e nas partes mais rasas chegavam a 0,60 metro de profundidade.

Se considerarmos a diferença entre o calado proposto e a altura das águas no período de estiagem, que seria de cerca de 0,20 metro, poderemos sem muito esforço deduzir quais não seriam as dificuldades para a navegação nos trechos mais críticos apontados. Definido o estudo preliminar sobre as obras de infraestrutura necessárias à implantação da hidrovia, os tipos de embarcações e sistema de navegação a empregar, partiu a Companhia Paulista para a consecução de seus planos.

Designou o engenheiro Walter Hammond para uma viagem ao exterior com a finalidade de examinar os sistemas de navegação a vapor empregados em rios que apresentassem as mesmas características do Mogi-Guaçu e Pardo, incluindo a tarefa de verificar as possibilidades de contratar pessoal técnico especializado para a montagem e operação dos referidos engenhos no Brasil (RCPVFF, 30.3.1884, p.3).

Ao regressar dos Estados Unidos e da Europa, Hammond descreveu em seu relatório uma interessante variedade de sistemas que observou sendo utilizados na navegação interior. O sistema que mais chamou a sua atenção foi o do emprego da propulsão a vapor combinada com a tração por cabos estendidos no centro dos rios para trabalhar nas corredeiras. Esse seria o modelo ideal para o Mogi-Guaçu, com o que concordavam os engenheiros americanos que havia consultado:

> Assim, pois, depois de uma longa viagem nos Estados Unidos voltei à Europa com os seguintes pontos resolvidos:
> 1º. Que o sistema de vapor deve ser com roda na popa.

2°. Que era possível construir vapores desse sistema com calado muito pequeno.

3°. Por serem as corredeiras muito rápidas, deve ser deitada uma corrente de ferro no canal para poder o vapor subir, sendo ajudado por uma máquina especial para esse fim. (RCPVFF, 28.9.1884, p.29-30)

Na França, Hammond havia observado vapores de calado 0,45 metro navegando o rio Sena utilizando o sistema de correntes, prática empregada em outros rios do continente europeu (RCPVFF, 28.9.1884, p.30-1):

> Na mesma cidade [Paris] fui ver o serviço no rio Seine, onde achei vapores de calado de somente 45 centímetros funcionando com mecanismo especial e correntes grossas de ferro deitadas no leito do rio. Fiz um exame minucioso de diversos vapores, das oficinas e das correntes que tinham servido 20 anos sem serem inutilizadas. Sendo o mesmo sistema empregado na Bélgica, no rio Reno e no rio Danúbio, era desnecessário examiná-lo.

Essas observações serviram para reforçar as decisões já tomadas sobre o sistema a ser empregado na hidrovia da Paulista. Esse seria constituído por rebocadores a vapor tracionando as lanchas que transportariam as mercadorias. Para auxiliar as embarcações a transporem as corredeiras, um guincho a vapor na proa dos vapores faria a tração de correntes de ferro instaladas ao longo das corredeiras (Figura 10).

Apresentou o engenheiro Hammond os orçamentos de quatro firmas, com propostas para a construção dos vapores com roda de popa e das lanchas, conforme o quadro que se segue, na Tabela 2.

Das propostas apresentadas, a diretoria da Paulista optou pela da firma Yarrow & C.°, de Londres, justificando a escolha dos "Stern-Weel"[5] em razão dos seguintes itens: 1) Adequação do calado do vapor às necessidades da navegação no Mogi; 2) o casco do vapor seria todo

---

5 Essa denominação dada ao vapor encontra-se no relatório feito pelo engenheiro Benjamin Franklin, quando de sua visita às instalações da navegação da Paulista no rio Mogi-Guaçu, em 1886 (RCPVFF, 10.10.1886, p.17).

Tabela 2 – Propostas apresentadas pelos estaleiros estrangeiros

Nome e Residência	VAPORES							LANCHAS				
	Comprimento	Largura	Fundo	Máquinas Tamanho dos cilindros	Calado	Preço	Observações	Comprimento	Largura	Fundo	Preço	Observações
Fusey Jones & Cª Wilminton Del V. S. A.	Pés 75	Pés 16	Pés 3 1/2	Polegadas 8 x 48	Palmos 2.20	£ 2.200	Calado duvidoso. Não fornece guincho especial para as corredeiras.	Pés 60	Pés 16	Pés 3 1/2	£ 556	Pouco aperfeiçoadas
Jas Rees e Filhos Pitesburg Penna N. S. R.	100	16	2 1/2	8 x 36	2.08	3.600	Não fornece desenhos	80	14	2 1/2	530	Não fornece desenhos
J. M. Gregor Alley. M. Lellan Glasgow	80	12 1/2	4	12 x 24	2.08	2.588	Calado duvidoso também governo para leme	75	12 1/2	4	725	
Yarrow & C.ª Londres	100	12 1/2	4	10 x 30	1.73	2.900	Tudo Galvanizado	60	9	4	490	

Fonte: RCPVFF (28.9.1884, Anexo, p.6).

74 HILÁRIO DOMINGUES NETO

galvanizado e arrebitado duplamente; 3) melhor qualidade no material e mão de obra disponível; 3) a presença em Londres da firma Fry Miers & C.°, agentes da Companhia Paulista, que poderiam fiscalizar de perto a construção dos engenhos; e, 4) a credibilidade que aquela firma gozava na construção de vapores semelhantes aos encomendados, na qual eram grandes especialistas (RCPVFF, 28.9.1884, p.5-7).

Concluídos os levantamentos e estabelecidos os sistemas de navegação a serem adotados para a hidrovia no Mogi-Guaçu, a Companhia Paulista iniciou os trabalhos para integrar os caminhos de ferro ao curso do rio, visando dessa forma aumentar a extensão de seu tráfego naquele promissor mundo de mercadorias.

Para criar uma infraestrutura que possibilitasse certa regularidade na operação da navegação fluvial, a empresa passou a executar obras de melhoramento no leito do rio Mogi-Guaçu, construindo diques e canais, fixando as correntes de ferro em pontos críticos das corredeiras, removendo obstáculos à livre navegação, como pedras, bancos de areia e troncos de árvores. Ao mesmo tempo, iniciou a construção das instalações de sua principal estação, a de Porto Ferreira, onde ela integrava o transporte ferroviário ao hidroviário (Figuras 7 e 8).

Um relatório do ano de 1885 apontava as principais dificuldades que a Companhia Paulista encontrava para levar à frente o seu empreendimento:

> Tem a navegação dos rios Mogi-Guaçu e Pardo três dificuldades especiais: – primeira, a canalização das corredeiras, segunda, o vencimento das correntezas fortes, e terceira, a frequência das febres maleitosas. Não será fora de lugar falar aqui destas febres, pois muitas pessoas descrentes no princípio, e mais tarde convencidas da navegabilidade do rio Mogi-Guaçu, eram convictas que a mesma não seria realizável por causa das maleitas.
>
> A companhia começou as obras de canalização no mês de junho de 1884, exatamente na época em que começou a desaparecer a influência desta moléstia, pois a experiência parece demonstrar que depois de junho não aparecem novos casos, e se algum há, é recaído em pessoa que antes de junho tinha sofrido [a moléstia]. Assim, durante o ano de 1884, nenhum empregado no serviço da navegação sofreu de maleitas.

No mês de março, porém, deste ano [1885], logo que as grande enchentes começaram a baixar, a febre atacou os empregados, e com tanta persistência que em certas ocasiões quase todos estavam sofrendo no mesmo tempo, uns piores do que outros. Neste período a companhia fez esforços para aliviar os sofrimentos dos empregados, fornecendo quinina e outros medicamentos eficazes, tanto que não tivemos de lamentar um só caso fatal. (RCPVFF, 27.9.1885, p.57-8).[6]

A relação do último fator apontado, as doenças, com as dificuldades para levar à frente o empreendimento, para nós ocuparia o primeiro lugar, uma vez que dela resultava a dificuldade da contratação de trabalhadores para as obras do rio. E essas doenças persistiram durante longo tempo, ainda que sazonalmente.

No que se referia às obras de infraestrutura, os diques ou represas que tinham por finalidade fazer subir o nível das águas nos canais de reduzida profundidade eram construídos com as próprias pedras removidas do leito do rio. Tinham por finalidade formar bancos de areia ao lado dos canais, aumentando a profundidade desses. Nesse tipo de solução, a empresa criou um novo sistema empregando trilhos velhos e pranchões de madeira. Era uma tecnologia de reduzido custo para a Paulista, uma vez que tais materiais lhe estavam facilmente disponíveis (RCPVFF, 27.9.1885, p.15).

---

6 Cabe aqui destacar as medidas que eram tomadas pela empresa para amenizar o problema: "As observações do progresso da moléstia indicam que as pessoas que tem boa alimentação, e que dormem em bons ranchos, estão menos sujeitas aos ataques, e quando atacados não sofrem tanto. No tratamento os que confiavam em cachaça e quinina, invariavelmente sofreram muito e seu restabelecimento foi bastante demorado. – O remédio que parece ter dado melhor resultado é o seguinte e muitíssimo simples: – Logo que for atacado deve tomar um vomitório e purgante; depois, quando a febre abrandar um pouco, uma pequena dose de quinina, e no dia seguinte pela manhã, com o estômago vazio, um forte caldo de limão sem açúcar, e depois da comida, café sem açúcar e sem leite. Pode bem ser que este tratamento não siga as regras da medicina; é fato, entretanto, que os empregados que seguiram este tratamento restabeleceram-se com mais brevidade". (RCPVFF, 27.9.1885, p.58-9).

76 HILÁRIO DOMINGUES NETO

O engenheiro Benjamim Franklin de Albuquerque Lima, chefe da comissão de melhoramentos do "rio Parnahyba", que no ano de 1886 esteve visitando as instalações da navegação da Paulista no rio Mogi-Guaçu a mando do governo geral, destacou em seu relatório ao governo a solução encontrada pela Paulista no emprego de um sistema de tração das embarcações por correntes e guincho, para auxiliá-las na transposição das corredeiras:

Para tornar mais segura a subida dos vapores nas corredeiras, adaptou o sr. Hammond à proa de cada vapor um guincho, movido pelo vapor da máquina, mordendo uma cadeia [corrente] solta ao longo da corredeira. Quando movido assim, tem o vapor uma velocidade de 3 quilômetros nas mais fortes correntezas.

Desde que não é mais necessária, é a cadeia lançada no rio. É como se vê, o meio de navegação a que os franceses chamam *touage*, perfeitamente aplicável às corredeiras de pouco fundo, e simplificando por dispensar o rebocador especial chamado *toueur* que completa aquele sistema.

A cadeia é fortemente presa, por uma extremidade, à margem do rio ou ao próprio leito, e por outra, a uma corrente fina que segura uma pequena boia.

Esta extremidade é tomada com um croque e passada ao guincho, que se põe em movimento com o vapor da máquina.

Trata-se de uma corredeira em curva, onde haja duas ou mais cadeias, toma-se a extremidade da segunda antes de lançar na água a primeira. Essa manobra exige apenas dois homens e faz-se com a maior facilidade. (RCPVFF, 10.10.1886, p.63)

Com a implantação do sistema de tração por correntes, a transposição das corredeiras deixou de ser uma restrição à livre navegação para vapores como o Conde d'Eu (RCPVFF, 27.9.1885, p.14-5):

Funciona perfeitamente bem este primeiro vaso de nossa esquadrilha fluvial; quer subindo, quer descendo, dando volta com facilidade espantosa.

Pode rebocar as nossas três lanchas carregadas; e nas corredeiras por meio do emprego das correntes, poderá rebocar peso ainda maior...

É maravilhoso ver a facilidade com que se vence o obstáculo das corredeiras: tal é a vantagem do sistema adotado! Temos sido testemunhas oculares de seu funcionamento.

Em Porto Ferreira, a Paulista manteria durante o período de operação da via fluvial um estaleiro que daria o apoio logístico para a operação do equipamento flutuante da navegação, consistindo especialmente na montagem e manutenção das embarcações (Figura 15). As oficinas do estaleiro também prestavam apoio logístico à ferrovia, incluindo a manutenção de seu material rodante (cf. Giesbrecht, s. d.; e relatório da CPVFF de 30.6.1904, p.263). O Quadro 2 nos oferece uma ideia de como foram os trabalhos que antecederam à plena instalação da navegação fluvial. Ele sintetiza o relatório apresentado pelo inspetor geral da Paulista, engenheiro Walter Hammond, no início do ano de 1885 (RCPVFF, 28.9.1884, Anexo 5, p.1-15). Cabe observar que esses dados são parciais, uma vez que as obras de adequação da hidrovia só permitiram a operação da navegação fluvial em toda a sua extensão, de Porto Ferreira ao Pontal do rio Pardo, a partir de 1887.

Para a realização desses trabalhos, a Companhia Paulista empregou duas canoas grandes e dois guinchos fabricados em sua oficina de Campinas, e mais quatro canoas que comprou.

Na remoção de rochas, de grandes troncos de árvores e dos bancos de areia que obstruíam o rio, foram utilizadas cerca de quatro toneladas de dinamite. O emprego desse tipo de material em desobstruções aquáticas, técnica pouco difundida na província de São Paulo, acarretou um elevado custo e grandes dificuldades, pois, por condições práticas e de segurança, a maior parte das obras só podia ser realizada durante a estação da seca, quando diminuía o volume das águas (RCPVFF, 28.9.1884, Anexo 5, p.9-10).

Quanto ao pessoal empregado nos trabalhos de criação da infraestrutura da via fluvial, os setores mais qualificados dos quadros da seção fluvial eram formados por engenheiros da própria companhia.

No que diz respeito aos trabalhadores que formaram o contingente engajado nas obras de adequação da hidrovia, para a implantação da navegação fluvial a vapor cabem aqui algumas observações.

Figura 7 – Dique de pedra no rio Mogi-Guaçu, tendo em sua extremidade uma placa de sinalização. Fonte: Museu da Companhia Paulista, Jundiaí (SP).

Figura 8 – Construção das docas de Porto Ferreira. Fonte: Museu da Companhia Paulista, Jundiaí (SP).

Quadro 2 – Obras de infraestrutura para instalação da navegação fluvial

- Corredeira dos Patos: instalação de correntes e remoção de 240 m³ de rochas, entre as quais foi rasgado um canal de largura entre 16 a 25 metros.
- Corredeira de Gaviãozinho: Com a extensão de 200 metros. Remoção de grandes rochas e desobstrução do canal natural que corre por um cordão de pedras.
- No canal a água corre com grande velocidade, tendo dificultado o trabalho de fixação da dinamite, que foram colocadas nas fendas das rochas e fixadas por grandes pesos. Profundidade do canal no tempo da vazante era de 75 a 80 cm.
- O fator responsável pela grande velocidade da água é a diferença de nível na extensão das corredeiras.
- A grande utilidade dos guinchos para vencer as corredeiras ficou aqui demonstrada, porque sem o emprego [deste], seria invencível a dificuldade deparada: uma vez que se recorre a esse aparelho, pouco importam as correntezas para a subida dos barcos rebocadores ou rebocados.
- Entre as corredeiras do Gaviãozinho e da Rasoura da Prainha, o rio é muito raso e existe um canal bastante tortuoso que necessita ser melhorado.
- Na embocadura do Ribeirão do Bebedouro a obstrução por um banco de areia ao meio do canal o divide em dois canais estreitos de grande correnteza d'água. Um dos canais deverá ser alargado.
- Corredeira do Ribeirão do Pântano: com 650 metros de extensão com 0,40 metro de diferença de nível d'água. Foi removida grande quantidade de rochas para formar um canal artificial.
- Corredeira da Escaramuça: com 1.500 metros de extensão e diferença de nível de 2,60 metros. Pela sua extensão e declividade demandou demorados trabalhos na preparação do canal artificial. Empregado sistema de correntes para auxiliar transposição.
- Corredeira de Boa Vista: a 138 km de Porto Ferreira. Necessidade de fazer um canal artificial em linha reta.
- Corredeira dos Cordões: presença de rochas obstruindo o canal. Poderão ser destruídas mediante pequeno trabalho.

Resumo dos trabalhos realizados na formação dos canais até o final de 1884

CORREDEIRAS	EXTENSÃO EM METROS (M)	CANAL NOVO (M)	LARGURA DO CANAL (M)	METROS CÚBICOS DE PEDRAS REMOVIDAS
Patos	450	240	16 a 25	1.440
Gaviãozinho	200	80	17	400
Ponte Amaral	42	42	16	400
Pântano	460	130	16 a 20	210
Escaramuça	1.500	460	16	690
Diversas pedras	—	—	—	2.200
Isoladas	—	—	—	20
Total	2.652	952	—	4.960

Fonte: RCPVFF (28.9.1884, Anexo 5, p.1-15)

80 HILÁRIO DOMINGUES NETO

Os trabalhos da hidrovia, embora requeressem o emprego de recursos tecnológicos mais simples, se caracterizavam por condições extremamente difíceis. Nesse aspecto contrastava com a construção das ferrovias, que envolvia grandes recursos financeiros e empregava uma diversidade de máquinas e de pessoal altamente qualificado, como engenheiros e auxiliares (Lamounier, 2000, p.55).

Dois fatores, de imediato, nos fazem pressupor a dificuldade em arregimentar mão de obra para as atividades de desobstrução do leito do rio: de um lado, a constante exposição aos perigos do trabalho, manipulando explosivos dentro da água, tecnologia ainda de limitado domínio; de outro, o trabalho na água, sem equipamentos e roupas de proteção adequadas, aumentava o risco de esses trabalhadores contraírem doenças, como a malária, que com maior frequência atingiam as regiões ribeirinhas.

Se da instalação das ferrovias aparecem relatos sobre as adversidades do tempo, em que os inconvenientes das estações chuvosas e das doenças tropicais se faziam presentes, dificultando a execução dos trabalhos de assentamento dos trilhos, e a construção de pontes e viadutos, na navegação fluvial tais relatos faziam parte do cotidiano, como se pode constatar num documento da Paulista do ano de 1885 (RCPVFF, 4.4.1886, p.55):

> No princípio do mês de outubro uma turma grande começou a desobstrução desta corredeira [da Boa Vista], que tinha um canal natural, fundo e tortuoso, não servindo, portanto para o uso das correntes. Tornou-se necessário endireitá-lo.
>
> Este serviço foi acabado em dezembro, e a turma transferida três quilômetros adiante, para a corredeira do Cordão, que oferece pouco trabalho. O serviço ia principiando neste lugar, quando metade dos trabalhadores caiu doente com maleitas, causadas pela enchente das águas e a vazante depois.

As ocorrências registradas nos relatórios de 1884 a 1885, fase de maior atividade nas obras de implantação da infraestrutura da via fluvial, dão uma ideia da falta de segurança que envolvia os trabalhadores do rio, como eram chamados.

No ano de 1884, ao justificar um acidente ocorrido com um trabalhador no rio, o engenheiro Hammond assim se manifestou:

São conhecidos os perigos que correm todos aqueles que tomam parte em trabalhos de desobstrução de rios mediante processos semelhantes àqueles de que se usou na desobstrução de diversos pontos do Mogi-Guaçu e na própria navegação em corredeiras velozes e ainda nem sempre conhecidas. São relativamente abundantes, pois, os acidentes de pessoas e do material que as estatísticas consignam no estabelecimento de navegação desta espécie. É por isso que devemos nos considerar felizes de que só uma desgraça de pessoa tenhamos a lamentar até esta data. Este triste [acontecimento] deu-se a 31 de dezembro de 1884.

Trabalhava-se em uma balsa, na corredeira do Gaviãozinho, quando a mesma balsa, indo bater contra os rochedos, recebeu tal choque, que parte dela submergiu-se imediatamente. Um dos empregados da Companhia, Luiz Mattoso, saltou na água, e, apesar de haver sido prontamente socorrido pelos companheiros, que atiraram-lhe uma corda e um pau para agarrar-se, não logrou escapar, supondo-se que houvesse perdido os sentidos ao cair. O infeliz desapareceu e o seu cadáver, rodando pela corredeira, só dois dias depois foi achado. (RCPVFF, 28.9.1884, Anexo 5, p.14)

No ano seguinte, outros acidentes se sucederam:

Nos primeiros dias de setembro [1885] uma turma de 10 homens com feitor, balsas e canoas, foi mandada remover do canal as árvores submersas neste trecho do rio, e cortar os galhos de outras que nele sobrenadavam. O serviço progrediu otimamente, restando a 7 de outubro apenas serviço para mais 14 dias, para completar a desobstrução de 90 quilômetros do rio até a corredeira da Boa Vista. Nesta data, porém, houve um terrível desastre com a explosão de 12 quilos de dinamite em uma canoa, na qual estavam cinco homens empregados em tirar fora da água uma árvore. A explosão cortou a canoa ao meio, ofendendo dois homens, morrendo o de nome Manoel Marques no mesmo dia, e o feitor José Gonçalves ficando completamente cego.

A causa do desastre não é exatamente sabida; pode-se entretanto afirmar que não foi por negligência culposa do feitor, que sempre mostrou-se empregado muito inteligente e cuidadoso. Este acontecimento por alguns dias impressionou aos empregados neste serviço; felizmente, porém, logo

82 HILÁRIO DOMINGUES NETO

reconheceram que a causa do desastre não foi a natureza do serviço, o qual tornou a marchar com a costumada regularidade...

> Cumpre-nos aqui mencionar um outro triste acontecimento que causou a morte de um empregado, Antonio Simões, afogado no rio na volta da Bocaina, entre Porto Prainha e o Porto Amaral, no dia 17 de setembro [1884]. O infeliz estava trabalhando na água, removendo um banco de areia, daí escorregou para dentro de um poço fundo no leito do rio, afundando imediatamente. Quando mais tarde foi encontrado o seu corpo, tinha segura nas mãos a pá com que trabalhava.
>
> Para o serviço na água sempre que for possível, devem ser escolhidos homens que saibam nadar, grande parte deles não o sabem. (RCPVFF, 4.4.1886, Anexo 6, p.53-5)

Esses fatos nos sugerem que as condições de trabalho no rio deixavam a desejar quanto às medidas de segurança que a sua natureza requeria. Diante desse quadro, as manifestações de descontentamento se fizeram presentes entre os trabalhadores da hidrovia, tendo sido registrada a ocorrência de duas greves no primeiro semestre do ano de 1886 (RCPVFF, 10.10.1886. Anexo 10, p.10-1):

> Tantos homens caindo doentes de febre produziu uma impressão tão forte que até hoje com muita dificuldade podemos arranjar empregados suficientes para caminhar, embora lentamente o serviço.
>
> Devido as febres e a dureza do trabalho na água, os homens duas vezes fizeram greve; a primeira no dia 18 de fevereiro e a segunda no dia 30 de junho. (RCPVFF, 10.10.1886, Anexo 10, p.74)

A Paulista procurou a todo custo resolver o impasse, pagando à maior parte desses empregados ordenados que alcançavam a cifra de 2$800 a 3$000 [mil-réis] por dia, o que, segundo a empresa, representava um bom salário. Ao mesmo tempo, elogiava a coragem com a qual aqueles trabalhadores que, no ano de 1885, além dos perigos comuns ao tipo de serviço, haviam enfrentado o rigoroso inverno trabalhando dentro da água.

> Se não tivesse acontecido esta falta de trabalhadores já a Companhia teria desobstruído completamente os canais em todas as corredeiras até ao alto da cachoeira de S. Bartolomeu.

NAVEGANDO O MOGI-GUAÇU **83**

Apesar dessas dificuldades o serviço tem marchado, e, considerando o pequeno número de empregados, muito bem; tanto que com o mesmo número de empregados a abertura do tráfego até o Pontal não será muito demorada. Se fosse possível obter 500 homens, a desobstrução poderia ser feita em poucas semanas.

A empresa alegava que, além da escassez de braços em toda a província, a natureza do trabalho exigindo a permanência dos operários na água, a frequência das febres intermitentes e os perigos inseparáveis do emprego da dinamite contribuíram para que as obras no rio não tivessem um andamento mais rápido (RCPVFF, 10.10.1886, p.13).

Ainda que às vésperas da abolição e que a Sociedade Promotora de Imigração estivesse sendo formada em 1886 por cafeicultores paulistas para arregimentar trabalhadores europeus para a agricultura, a expansão da produção cafeeira no Oeste Paulista, estimulada pelo avanço das estradas de ferro,[7] ampliava a demanda por força de trabalho, gerando certa resistência entre alguns cafeicultores à emancipação da mão de obra escravocrata (Saes, 1996, p.194).

É importante, porém, observar, e os fatos apontam nessa direção, que as relações entre o capital e o trabalho nas empresas ferroviárias assumiram pelas condições de empreendimento industrial uma posição de negação ao emprego do trabalho escravo. Elemento estranho à sociedade escravista, no dizer de Flavio Saes (1996, p.194-5), essas empresas seriam responsáveis pela "generalização de relações capitalistas, que conduziriam, mais cedo ou mais tarde, a conflitos com as bases escravistas da sociedade".

É inegável, no entanto, que no plano mais geral, a empresa ferroviária colocou em questão a continuidade do escravismo e estimulou a criação de um mercado de trabalho livre – seja pelo fato de só utilizar trabalhadores assalariados em plena sociedade escravista, seja por contribuir para o processo imigratório ou mesmo pelo significado que os trabalhadores ferroviários tiveram na constituição do mercado de trabalho urbano. (ibidem, p.195)

---

7 O tratamento empregado no texto se referindo às estradas de ferro compreende, de forma geral, tanto a ferrovia quanto a hidrovia.

84 HILÁRIO DOMINGUES NETO

Nos documentos que pesquisamos, não encontramos nenhuma referência que evidenciasse o emprego do trabalho escravo nas obras de instalação e operação da hidrovia. Ainda que essa prática tenha sido proibida pela legislação e contratos, segundo Maria Lúcia Lamounier (2000, p.62), constitui-se numa questão que deve ser mais bem analisada.

Mesmo diante de todas as dificuldades na arregimentação de trabalhadores para as obras do rio, e ainda que só fosse operar toda a hidrovia em 1887, no final de 1884 a Companhia Paulista já havia concluído parcialmente as obras necessárias à utilização da via fluvial. Em dezembro daquele ano, fez a primeira viagem de caráter experimental pelo rio Mogi-Guaçu, percorrendo em 14 horas com o vapor Conde d'Eu uma extensão de 205 quilômetros, de Porto Ferreira até o Pontal do rio Pardo (RCPVFF, 28.9.1884, Anexo 5, p.1; RCPVFF de 5.4.1885, p.8). Somente alguns melhoramentos tinham sido realizados, e já se conseguira um grande feito. Essa viagem teve por objetivo avaliar os trechos do rio que deveriam ser melhorados, e o funcionamento de todo o sistema de navegação. Na oportunidade, foi testado com sucesso o mecanismo com o emprego de correntes para a transposição das corredeiras (Figuras 9 e 10).

A grande utilidade do guincho para vencer as corredeiras ficou aqui cabalmente demonstrada, porque sem o emprego do mesmo guincho, seria invencível a dificuldade deparada: uma vez que se recorre a este aparelho, pouco importam as correntezas para a subida dos barcos, rebocadores ou rebocados. (RCPVFF, 28.9.1884, Anexo 5, p.6)

O vapor empregado nesse teste, o Conde d'Eu, adquirido do estaleiro inglês Yarrow & Company, e montado em Porto Ferreira (RCPVFF, 28.9.1884, p.11-2), atendeu plenamente às especificações do projeto dos engenheiros da Paulista (Figura 9):

- Casco chato inteiramente de aço galvanizado e de 0,40 m de calado;
- Comprimento de 30 m de proa a popa, por 3,80 m de largura;
- Roda de popa com 3,06 de diâmetro;
- Motor com 35 cavalos de vapor;
- Sistema de direção composto por dois lemes para propiciar maior capacidade de manobra.

Figura 9 – Vapor Conde d'Eu atracado no cais de Porto Ferreira. Na proa, a caldeira e o mecanismo de tração das correntes para a transposição das corredeiras. Fonte: Museu da Companhia Paulista, Jundiaí (SP).

A partir da observação do comportamento do vapor Conde d'Eu na navegação fluvial do Mogi-Guaçu, outros vapores foram encomendados procurando-se adaptá-los às necessidades da navegabilidade de certos trechos do rio (Tabela 3). À medida que foram incorporados à frota da companhia, a via fluvial foi dividida em seções (Tabela 4), e os vapores, adaptados para as necessidades de cada um desses trechos tiveram um melhor desempenho nos serviços realizados (RCPVFF, 26.4.1891, p. 168).

Tabela 3 – Características dos primeiros vapores empregados na via fluvial

NOMES	DIMENSÕES		CALADO(*) QUANDO CARREGADOS	OBSERVAÇÕES
	COMPRIMENTO	LARGURA		
Conde d'Eu	32,00 m	3,80 m	0,42 m	Todos de roda de popa e fundo de aço galvanizado.
Conselheiro A. Prado	23,50 m	5,48 m	0,37 m	
dr. Elias Chaves	25,90 m	5,48 m	0,33 m	
dr. Nicolau Queiroz	18,28 m	5,48 m	0,42 m	

(*) Calado "É a profundidade em que a embarcação se movimenta sem risco de encalhar" (Carmo, 2000, p.12).
Fonte: Braga & Domingues Neto (1999, p.54, apud RCPVFF, 10.10.1886).

Tal distribuição imprimiu maior regularidade nos serviços de transporte fluvial uma vez que a substituição dos vapores para reparos tornava-se possível a qualquer momento, sem a necessidade de reduzir ou interromper parte do tráfego.

Tabela 4 – Seções da via fluvial

SEÇÃO	TRECHO DA VIA FLUVIAL	EXTENSÃO (KM)
1ª	Entre Porto Ferreira e Porto Pulador	43
2ª	Entre Porto Pulador e o Km 74	31
3ª	Entre o Km 74 e o Km 123	47
4ª	Entre o Km 123 e o 160	47
5ª	Entre o Km 160 e o 200	40

Fonte: RCPVFF (26.4.1891, p.159).

Figura 10 – Correntes utilizadas para a tração das embarcações nas corredeiras. Fonte: Museu Histórico e Pedagógico Zequinha de Abreu, Santa Rida do Passa Quatro (SP).

Navegação no Mogi-Guaçu

Correntes que eram utilizadas para a tração dos vapores nas corredeiras do rio. As correntes eram fixadas às margens ou no fundo do leito do rio e dispunham na extremidade de uma corrente mais leve presa a uma boia. Essa era içada e a corrente da foto (Figura 10) era presa a um guincho a vapor instalado no convés da proa do vapor, que então era acionado para a tração por meio da corredeira.

Figura 11 – Vapor Conde d'Eu às margens do rio Mogi-Guaçu. Fonte: Museu da Companhia Paulista, Jundiaí (SP).

Porto Ferreira, estação de interligação entre a ferrovia e a hidrovia, foi aparelhada com uma doca bastante moderna para a época, dotada de um estaleiro destinado à montagem e manutenção do material flutuante.

A Companhia Paulista... ao lado da ponte de madeira fez construir seu porto principal: um cais de pedra com ancoradouros para baldeação de mercadorias. Edificou um grande armazém a que chegavam os trilhos de seus trens e, para garantir o volume de água indispensável ao calado dos barcos de carga, principalmente durante as secas, desviou parte do Ribeirão Santa Rosa, fazendo-o penetrar no ancoradouro por uma abertura deixada na estrutura final das docas de pedra, depois de passar sob uma pequena ponte na estrada de rodagem. (Rocha, 1996, p.23)

A doca foi projetada de forma que os vagões da estrada de ferro alcançassem a sua parte lateral, onde eram atracadas as lanchas. Um guindaste a vapor baldeava o café das lanchas diretamente para os vagões, o que reduzia de 300 a 400 réis por tonelada de café o custo desse serviço (Figuras 12, 13 e 14).

Além de se prestar à baldeação das cargas, a doca tinha uma parte reservada para a manutenção das embarcações e reparos em seus cascos, a doca seca. Separada da doca principal por uma comporta, possuía um dispositivo com uma bomba a vapor que, quando acionada, eliminava toda a água do compartimento. Dessa forma, a embarcação ficava a seco, possibilitando certos reparos, como a pintura do casco e outros serviços, sem a necessidade de transportá-la até o estaleiro.

Para devidamente apreciar-se o valor desta doca, basta dizer-se que no caso de acidente, um vapor podia entrar um dia de tarde, estar no seco em cinco horas, e se o conserto preciso fosse pequeno, sair no dia seguinte.

A doca tem uma profundidade tal, que ainda mesmo quando os vapores não pudessem passar nas corredeiras por falta d'água, poderiam eles com toda facilidade entrar na doca. (RCPVFF, 27.9.1885, p.62)

Figura 12 – Café sendo baldeado diretamente da lancha para o vagão da via férrea. Fonte: Museu da Companhia Paulista, Jundiaí (SP).

Figura 13 – Vista geral do cais de Porto Ferreira. Fonte: Museu da Companhia Paulista, Jundiaí (SP).

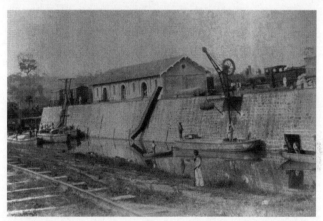

Figura 14 – Guindaste baldeando mercadoria, e um dispositivo do tipo "escorregador" para o carregamento das lanchas no cais. Fonte: Museu da Companhia Paulista, Jundiaí (SP).

A oficina do estaleiro (Figuras 15 e 16) foi construída cerca de 500 metros distante das docas. Essa posição afastada tinha por fim protegê-la das enchentes provocadas pelas águas do rio. As embarcações eram transportadas entre essas instalações por meio de um trole especial (carretão), que corria sobre uma linha de três metros de bitola (RCPVFF, 26.4.1891, p.182).

As oficinas de Porto Ferreira foram montadas com grande economia. Não se destinando a fabricar e sim a montar os vapores e lanchas, que vêm da Inglaterra desmontados, mas inteiramente prontos, e a fazer as reparações e consertos indispensáveis para que funcionem bem e seja conservado o material, preenchem muito bem o fim para que foram instaladas. (RCPVFF, 26.4.1891, p.181)

Figura 15 – A montagem de uma lancha na oficina do estaleiro de Porto Ferreira. Fonte: Museu da Companhia Paulista, Jundiaí (SP),

Figura 16 – Uma lancha sobre o trole (carretão), nos trilhos que faziam a ligação da doca com a oficina do estaleiro. Fonte: Museu Histórico e Pedagógico "Prof. Flávio da Silva Oliveira", Porto Ferreira (SP).

Aos poucos a Companhia Paulista foi instalando uma infraestrutura viária que se consolidaria no dia 10 de janeiro do ano de 1887 com a abertura ao tráfego da estação do Pontal, ficando a hidrovia com uma extensão de 205 quilômetros.[8] Ao longo da hidrovia foram construídas as estações fluviais (Tabela 5 e Figuras 17 e 18) destinadas às operações de atracagem dos vapores e barcas, carga e descarga e armazenamento de mercadorias. No fim de 1892, fase em que a via fluvial já estaria operando em toda a sua extensão, existiam 11 estações fluviais em pleno funcionamento (RCPVFF, 30.4.1893, p.214).

Tabela 5 – Estações da via fluvial

DATA DE ABERTURA AO TRÁFEGO (I)	ESTAÇÃO FLUVIAL	KM (2)	OBSERVAÇÃO (2)
1885	Porto Ferreira	0	Armazém de alvenaria com 427,00 m².
25/3/1885	P. Prainha	14	Armazém de alvenaria com 97,50 m².
25/3/1885	P. Amaral	30	Armazém de alvenaria com 101,45 m².
25/3/1885	P. Pulador	43	Fechado ao tráfego fluvial em 1.2.1891. (1)
5/1886	P. Cunha Bueno	48	Armazém de alvenaria com 77,60 m².
5/1886	P. Jataí	62	Armazém de alvenaria com 102,00 m².
5/1886	P. Cedro	103	Armazém de alvenaria com 99,00 m².
22.9.1886	P. Guatapará	123	Armazém de alvenaria com 105,21 m².
22.9.1886	P. Martinho Prado	140	Armazém de alvenaria com 99,75 m². Armazém velho de taipa com 137,59 m².
10.1.1887	P. Barrinha (Jaboticabal)	164	Armazém de alvenaria com 490,82 m².
10.1.1887	P. Pitangueiras	183	Prevista a construção.
10.1.1887	P. Pontal	200	Armazém de madeira com 60,00 m².

Fonte: (1) RCPVFF (30.6.1902); (2) RCPVFF (30.4.1893, p.215).

---

8 Nos relatos sobre a hidrovia aparece, entre Porto Ferreira e o Pontal do rio Pardo, a distância de 205 km, porém, nos dados estatísticos, a empresa considerou a extensão dessa hidrovia como de 200 km.

Figura 17 – Porto Amaral, no rio Mogi-Guaçu. Fonte: Pinto (1977, p.264v).

Pelo que se pode constatar, a Paulista iniciara no rio Mogi-Guaçu um empreendimento cujo sucesso atestou a adequação do sistema que havia sido projetado por seus engenheiros. O problema maior a vencer era o da transposição das corredeiras e o de se conseguir a livre navegação na época das secas.

Assim, a preocupação dos engenheiros Rebouças e Hammond com o calado das embarcações a serem utilizadas fazia sentido. Certamente esperavam com uma previsão correta evitar os inconvenientes pelos quais passava a navegação fluvial a vapor nos rios Piracicaba e Tietê, que na estação das secas sofria a interrupção do tráfego (Pinto, 1977, p.300).

O sucesso da viagem experimental realizada em janeiro de 1884 serviu para comprovar a adequação do calado dos vapores encomendados.

Este resultado tão satisfatório foi principiado no tempo da maior seca naquela parte do rio entre Porto Ferreira e Porto Amaral, o trecho do rio que mais dificuldades oferece à navegação por ter mais corredeiras e rasouras do que qualquer outra parte. (RCPVFF, 28.9.1884, Anexo 5, p.2)

Figura 18 – Ancoradouro de Pontal do rio Pardo. Fonte: Bastos (1999, p.75).

O sistema utilizado pela navegação fluvial do rio Mogi-Guaçu, em termos de eficiência técnica, foi objeto de avaliação pelo governo geral. Esse, interessado que estava nos melhoramentos da navegação interior, já havia criado algumas comissões para procederem melhoramentos em outros rios do Império.

O engenheiro Benjamim Franklin de Albuquerque Lima, chefe da comissão dos melhoramentos do "rio Parnahyba", no ano de 1886 foi enviado pelo governo para verificar como a Paulista havia resolvido o problema da navegação no Mogi-Guaçu. O relatório que fez ao ministro da Agricultura, após avaliar o trabalho que estava sendo realizado na adequação da hidrovia à navegação e o tipo de embarcações empregadas, constitui-se num documento que sintetiza com precisão aquele empreendimento.

Nas barragens, constatou o emprego de dispositivos com a utilização de trilhos e pranchões de madeira, econômicos e de grande durabilidade. Nos vapores, a adaptação de um guincho a vapor que, tracionando uma corrente fortemente presa pela outra extremidade à margem do rio ou no próprio leito, afastava qualquer dificuldade em transpor as corredeiras. Observou a facilidade com a qual os vapores rebocavam três barcas de uma só vez, quase sem prejuízo da velocidade:

O vapor Conde d'Eu, que desceu comigo até a corredeira da Escaramuça, rebocando três barcas, marchou com uma velocidade de 14,5 quilômetros por hora na descida e 9, 5 na subida. O reboque fez-se sempre a ré, com um cabo de pouca extensão, o que não impedia que as barcas acompanhassem perfeitamente o movimento do vapor. (RCPVFF, 10.10.1886, Anexo 8, p.64)

Dispunha a Companhia Paulista, operando em 1886, de quatro vapores e dezesseis barcas, e, no parecer do engenheiro Franklin, o material flutuante empregado no Mogi-Guaçu era o que de mais moderno se recomendava para uma boa navegação fluvial (RCPVFF, 10.10.1886, Anexo 8).

Por terra, acompanhando o rio mudava a paisagem. Nos fios do telégrafo que levava a notícia da saída do vapor, os pássaros encontravam pouso. No mesmo ano de 1886, nas oficinas da estação de Campinas, o arco voltaico passou a iluminar as noites que alimentavam com o suor de seus operários o contínuo vaivém das locomotivas.

Figura 19 – O vapor Conde d'Eu em um trecho do rio Mogi-Guaçu, tendo à popa as lanchas para serem rebocadas. Fonte: Museu da Companhia Paulista, Jundiaí (SP).

A manutenção do sistema fluvial

Em assembleia no ano de 1887, a diretoria da empresa anunciava que, com a abertura da estação do Pontal do rio Pardo, a navegação fluvial no Mogi-Guaçu havia entrado em uma nova fase. Coincidia essa com a viagem que o imperador D. Pedro II fizera pela hidrovia, quando então elogiou a iniciativa da empresa (RCPVFF, 25.3.1887, p.4).[9] Aos poucos o sistema fluvial ia incorporando novos vapores e lanchas importados da Inglaterra, que vinham pela ferrovia de Santos a Porto Ferreira, onde então eram montados.

Outra firma inglesa, a Alley & Maclellan, de Glasgow, que havia participado da primeira concorrência realizada pela Paulista para equipar a via fluvial, passou também a fornecer as embarcações para a navegação (CPVFF, 26.4.1891, p.168).

O aumento progressivo do tráfego na hidrovia fez que se encontrassem soluções para superar as limitações impostas ao deslocamento das embarcações no rio. Era o caso da navegação noturna, que só se tornou possível a partir da adaptação de grandes faróis nos vapores, cujo foco podia ser direcionado pelo piloto (RCPVFF, 25.9.1887, p.14).

Diante das dificuldades de transposição em algumas corredeiras, os serviços de manutenção e melhoramento das condições de navegabilidade se mantinham como uma das prioridades da empresa, pois esses pontos de estrangulamento de tráfego tornavam necessária a baldeação das cargas, o que certamente acarretava um maior tempo no deslocamento e o consequente aumento dos custos.

Esses trabalhos eram, em princípio, realizados na estação das águas baixas, quando então eram aprofundados os canais por onde trafegavam as embarcações.

---

9 Cf. RPPSP (17.1.1887, p.9-10): "Desde o dia 18 de outubro até 19 de novembro do ano passado, os Imperantes visitaram as extensas zonas da Província [de São Paulo] cortadas por estradas de ferro e vias fluviais, sendo recebidos em toda a parte com demonstrações da mais alta estima e fervorosa veneração".

96 HILÁRIO DOMINGUES NETO

O resultado deste ano confirma a necessidade de não trabalhar no leito do rio durante os primeiros meses do ano... Devido a maleitas e estação de chuva, foram limitadas as obras feitas no rio a cinco meses a saber: – de junho até começo de novembro. (RCPVFF, 27.9.1885, Anexo 7, p.59)

No trecho de Mogi-Guaçu, conhecido como Pantanais, o obstáculo que se impunha era a grande sinuosidade do rio, cuja presença de curvas muito estreitas dificultava as manobras. Em alguns desses trechos, a Paulista abriu canais que chegavam a encurtar o trajeto evitando longas voltas.

No final do ano de 1887, já haviam sido instaladas correntes para auxiliarem a passagem dos vapores em vinte pontos da hidrovia (RCPVFF, 1.4.1888, p.50-2).

Para testar a eficiência desse sistema, a Paulista realizava testes de resistência do material nas corredeiras. Empregando um vapor que rebocava lanchas carregadas, verificava por meio de um dinamômetro se a tensão produzida nas correntes estava dentro dos padrões de segurança. Esse procedimento servia para avaliar se havia necessidade de melhorar as obras, visando reduzir a correnteza nos canais (RCPVFF, 1.4.1888, p.51).

Todo o percurso da hidrovia dispunha de placas de sinalização dos canais e de marcos quilométricos com a finalidade de orientar os pilotos sobre o curso da via fluvial (RCPVFF, 13.4.1890, p.96). No entanto, em uma navegação com tantos obstáculos a transpor, não seria de estranhar a ocorrência de acidentes com o tráfego das embarcações, conforme registros encontrados em alguns relatórios da empresa.

No dia 9 de março, por culpável negligência do piloto, uma lancha carregada foi metida a pique sobre os paredões que fazem a represa da água na corredeira de Patos. Em vez de levar logo a lancha carregada para o barranco do rio, aquele empregado deixou-a passar nas corredeiras de "Patos" e de "Gaviãozinho", afundando depois em lugar profundo.

Apesar de estar completamente submersa a lancha, foi ela arrastada para fora da água com o auxílio do guincho a vapor do "Conde d'Eu" [...] No dia 15, a lancha já estava consertada e começou de novo a trabalhar. (RCPVFF, 30.9.1888, p.41-2)

Outro acidente, ocorrido no dia 5 de agosto de 1890, envolveu o vapor Barão de Jaguara, quanto esse transpunha a corredeira do Pântano. Da mesma forma que no caso anterior, a culpa era atribuída ao piloto, que por desvio da rota chocou a embarcação contra uma grande pedra "que podia ser perfeitamente evitada".

Nestas condições ficou inteiramente alagado o vapor que felizmente estava em lugar onde a água tinha um metro de altura.

O vapor assentou sobre o fundo do rio, ficando o assoalho quase ao nível da água, pois a altura do vapor é pouco superior a um metro. (RCPVFF, 26.4.1891, p.195)

Quatro dias após o acidente, a embarcação era resgatada, sendo a seguir rebocada pelo vapor Conde d'Eu para o estaleiro de Porto Ferreira. A viagem rio acima e à noite transcorreu sem quaisquer incidentes, embora tendo que transpor os canais das corredeiras de Patos e Gaviãozinho. Em dois meses de trabalhos nos estaleiros da companhia, foi o Barão de Jaguara totalmente recuperado e colocado novamente em operação (RCPVFF, 26.4.1891, p.175, 194-6).

No dia 19 de outubro de 1892, o vapor Nicolau Queiroz, ao subir o rio, bateu em um tronco de árvore submerso, o que provocou um grande rombo em seu casco. Conseguindo a tripulação encostar o rebocador às margens do rio, esse sofreu um reparo provisório, para ser posteriormente rebocado para Porto Ferreira.

Um triste acontecimento marcou esse incidente, pois um dos trabalhadores envolvidos no resgate da embarcação, na noite do dia 20, ao saltar de outro vapor que participava da operação para uma lancha, caiu na água. Apesar das tentativas de seus companheiros, não foi possível salvá-lo.

Outros acidentes sem maiores consequências certamente ocorreram, e a companhia, mediante serviços das oficinas de seu estaleiro em Porto Ferreira, ao mesmo tempo que montava novas embarcações, recuperava as demais, numa permanente preocupação com a manutenção de todo o material em funcionamento.

A Tabela 6 nos oferece uma relação de parte do material flutuante importado, que foi montado no estaleiro da Paulista e incorporado aos serviços de sua via fluvial.

98 HILÁRIO DOMINGUES NETO

Tabela 6 – A frota de vapores da Companhia Paulista de Vias Férreas e Fluviais

TIPO	NOME	PERCURSO EM KM ATÉ 1901 (*)
Vapor	Conde d'Eu	110.311
Vapor	Nicolau Queiroz	79.621
Vapor	Elias Chaves	87.793
Vapor	Antonio Prado	76.694
Vapor	Barão de Jaguara	79.205
Vapor	Fidêncio Prates	39.785
Vapor	Antonio Paes	74.250
Vapor	Eduardo Prates	23.328
Vapor	Elias Fausto	58.386
Vapor	Antonio Lacerda	68.197
Vapor	José Queiroz	48.492

(*) Não dispomos dos dados até 1903.
Fonte: RCPVFF (30.6.1902, p.284).

Para se ter uma ideia do que representam esses números, se considerarmos que o vapor Conde d'Eu do ano de 1887 a 1901 (em 1903 a navegação foi extinta praticamente no início do ano) tivesse realizado viagens completas de ida e volta, no percurso entre Porto Ferreira e o Pontal (400 km), num espaço de quinze anos, teria feito em média dezoito viagens por ano, ou seja, uma viagem e meia por mês.

Levando em conta que os vapores não trabalharam em toda a extensão da via fluvial, mas por seções, e considerando os períodos que tenham permanecido fora de operação por motivos de reparos ou outros, podemos concluir que as grandezas em quilômetros que apresentaram durante o período atestam o grande emprego que tiveram essas embarcações na navegação do Mogi-Guaçu.

Cabe observar que a Paulista dispunha ainda, além dos vapores citados, de uma pequena lancha a vapor empregada para os serviços gerais, a Rio Bonito (RCPVFF, 26.4.1891, p.168), que havia sido comprada no Brasil e reformada nas oficinas de Campinas. Completavam a frota 52 lanchas e cinco balsas de aço, também importadas e montadas no estaleiro de Porto Ferreira (RCPVFF, 27.9.1885, p.67; e 30.6.1902, p.283).

NAVEGANDO O MOGI-GUAÇU **99**

Se considerarmos ainda que em cada viagem os vapores rebocavam até três lanchas com cargas cujo volume variava de acordo com a estação das águas, fica patente a importância da via fluvial para o tráfego da Companhia Paulista.[10] Com relação à tripulação, para operar o vapor eram necessários: um prático ou piloto, um maquinista, um foguista e dois homens para os serviços gerais. Nas lanchas, normalmente dois homens eram suficientes. Toda carga e descarga era feita com esse pessoal, auxiliado por um funcionário da estação (RCPVFF, 27.9.1885, p.68).

Quanto à composição dos quadros de funcionários da Companhia Paulista empregados na via fluvial, sugerem-nos os relatórios que esses pertenciam ao seu corpo efetivo (RCPVFF, 27.9.1885, p.68, 73-4). Pode ser que durante o período de implantação da ferrovia, quando as obras no leito do rio demandavam um grande contingente de mão de obra não especializada, se empregavam trabalhadores avulsos, porém nos faltam informações mais consistentes para comprovar tal ocorrência.

Para se ter uma posição mais segura sobre os recursos humanos que compunham a seção fluvial dessa empresa, organizamos a Tabela 7, com dados extraídos de um relatório referente ao ano de 1891.

Quanto às funções, em geral se identificavam com as das estradas de ferro, à exceção do piloto de vapores, que além dos conhecimentos de navegação deveria estar bastante familiarizado com os itinerários e os acidentes do leito do rio. Essas qualidades eram fundamentais para que, diante de situações imprevisíveis, numa via fluvial repleta de corredeiras como a do Mogi-Guaçu, se tomassem decisões acertadas para não pôr em risco o pessoal e o material.

Na ferrovia, o maquinista manobrava o trem sobre uma via férrea fixa, com itinerário predeterminado, enquanto na hidrovia as condições eram outras, os imprevistos da formação de um banco de areia sob as águas, troncos de árvores que impedissem a livre navegação e as características

---

10 "Cada lancha tinha o calado de 0,40 m quando carregadas com 14 toneladas e o de 0,70m, quando carregadas com 28 toneladas" (Braga & Domingues Neto, 1999, p.54).

100 HILÁRIO DOMINGUES NETO

específicas de cada trecho do rio eram fatores que se alteravam a todo o tempo e, portanto, requeria do piloto, além de sua formação técnica, um conhecimento adquirido somente após longo tempo de prática.[11]

Tabela 7 – Recursos humanos da seção fluvial

SETOR	FUNÇÃO	NÚMERO
Administração	Chefe	1
	Ajudante	1
	Encarregado do depósito	1
	Amanuense [escrevente]	1
	Telegrafistas	2
	Serventes	8
Tráfego	Chefes e praticantes	11
	Telegrafistas	5
	Conferente e ajudante	2
	Trabalhadores	27
	Pilotos de lanchas	43
	Marinheiros	133

---

11 O relatório que o engenheiro Fernando Vaz de Mello fez no ano de 1859, quando da exploração dos cursos dos rios Grande, Pardo e Mogi-Guaçu, ao falar das dificuldades que teve em transpor a Cachoeira de São Bartolomeu no rio Pardo, traduz perfeitamente o que seria um prático na navegação fluvial: "Esta cachoeira, talvez o maior estorvo à navegação, consiste em um salto de 8 palmos formado por um travessão, fundido em diversos lugares, formando canais mais ou menos profundos do lado direito, [este travessão] deixa na margem esquerda uma rasoura semeada de pequenos canais, que só permitem a navegação no máximo das cheias. Todo o volume das águas encosta-se à margem direita e o rio depois de precipitar-se por um canal largo de 60 palmos, por ele corre com rapidez extrema, resumindo todas as águas em uma fita, que terá dez braças de largura, assim corre precipitadamente por 60 braças até achar novo empecilho a seu curso por novo travessão, vindo da margem esquerda, mas que não chega a atravessar o leito do rio, permitindo assim as águas um canal de 40 palmos unido à margem direita. Subi esta cachoeira no mês de julho já com bastante dificuldade pela margem esquerda, e em outubro, mês do mínimo das águas, querendo descer, experimentei as maiores dificuldades e aí consumi nove dias, ao passo que, presenciei o hábil prático deste rio, Ambrósio, descer a cachoeira em um dia" (Mello, 1859, p.11-2).

NAVEGANDO O MOGI-GUAÇU **101**

SETOR	FUNÇÃO	NÚMERO
Telégrafo	Mestre do telégrafo	1
	Operários e trabalhadores	7
Locomoção	Maquinistas e foguistas	15
	Pilotos de vapores	12
	Marinheiros de vapores	19
	Mestre oficina	1
	Operários e trabalhadores das oficinas	151
TOTAL		299

Fonte: RCPVFF (30.4.1892).

Nos documentos com os quais trabalhamos, não encontramos referências à forma como esses eram arregimentados, nem a procedência dessa mão de obra (RCPVFF, 27.9.1885, p.68).

O sistema de comunicações por telégrafo, sem o qual "seria impossível manter-se o tráfego regular no rio", acompanhava a via fluvial, estando já ano de 1888 operando regularmente entre Porto Ferreira e o Pontal, colocando a via fluvial e a área que essa atuava em ligação com toda a via férrea, conforme se pode verificar na Tabela 8 (RCPVFF, 13.4.1890, p. 95).

Tabela 8 – Pontos servidos por diversas linhas de telégrafo na via fluvial

NÚMERO DAS LINHAS	ESTAÇÕES DA VIA FLUVIAL
27	Porto Ferreira, Prainha, Amaral, Cunha Bueno, Jataí, Cedro, Guatapará, Martinho Prado, Barrinha, Pitangueiras e Pontal.
28	Porto Ferreira, Prainha, Amaral, Cunha Bueno, Cedro, Guatapará e Martinho Prado.
29	Porto Martinho Prado e Barrinha.
30	Porto Barrinha, Pitangueiras e Pontal.
31	Porto Barrinha e vila de Jaboticabal (1)

Fonte: RCPVFF (30.4.1893, p.113).
(1) A linha telegráfica de Porto Jaboticabal à vila de Jaboticabal, distante dezoito quilômetros das margens do rio Mogi-Guaçu, foi feita a pedido dos comerciantes daquela vila (cf. RCPVFF, 26.4.1891, p.163).

A resposta que a Companhia Paulista conseguiu com a navegação fluvial, mantendo operando com regularidade um significativo tráfego por quase duas décadas, constitui-se num forte indicador da eficiência com que ela operou aquela hidrovia.

Figura 20 – Foto de "Manoel Vagaroso". Foi marinheiro e piloto em 1895 na época da navegação fluvial. Fonte: Museu Pedagógico "Prof. Flávio da Silva Oliveira", Porto Ferreira (SP).

3
MUNDO DE MERCADORIAS

"A construção do Porto Pontal trouxe grandes benefícios à região, libertando-a do isolamento em que se encontrava, permitindo a demanda dos produtos agrícolas da região e seu abastecimento com gêneros de primeira necessidade, entre os quais se destacava o sal.

O Porto Pontal, enfim, propiciava a ligação entre a região de Pontal e a ferrovia em Porto Ferreira, e daí até a capital da província. Portanto, já em 1887 era possível um viajante dirigir-se a São Paulo através de um meio de locomoção seguro e razoavelmente confortável."

(Martins, 1987, p.197)

Ao constatarmos que o objetivo da empresa não se limitou às atenções da economia agroexportadora, direcionando-se, por sua vez, para o mercado interno, cabe investigar o grau de articulação que manteve entre esses dois mercados, como fonte de geração de suas receitas, na tentativa de encontrar as razões de sua desativação.

Para tal, analisamos a navegação fluvial em dois períodos. O primeiro, iniciado em 1883 com os primeiros procedimentos exploratórios

104 HILÁRIO DOMINGUES NETO

sobre a viabilidade do empreendimento, a escolha do material a ser empregado na navegação, a criação de infraestrutura e o seu início de operação, e que se estende até 1889. Nele tentaremos avaliar os resultados proporcionados de imediato para Companhia Paulista, ao incorporar em seu tráfego essa seção fluvial.

O segundo período compreendeu o intervalo subsequente, de 1890 ao início de 1903, ano em que a navegação fluvial da Companhia Paulista no rio Mogi-Guaçu foi desativada. Esse corte no tempo para caracterizar dois períodos distintos tem, para nós, implicações de ordem metodológica.

No caso do primeiro período – de 1883 a 1889 –, as informações dos relatórios da Companhia Paulista nos permitiram avaliar a forma como se deu a inserção da via fluvial no conjunto da empresa. O segundo período, a partir de 1890, marcou o início do processo de expansão da rede ferroviária da Companhia Paulista. De sua constituição como empresa em 1872, até 1890, esse tráfego na via férrea atingiu 250 quilômetros, e de 1890 a 1903, alcançou 979 quilômetros, um aumento de 729 quilômetros (Gráfico 3).[1]

Esse processo caracterizou-se pela incorporação de outras empresas ferroviárias pela Paulista, pela expansão dos ramais existentes, ou pela construção de novos ramais. Foi dentro desse contexto que a partir de 1900 ela iniciou a construção de um ramal ferroviário no vale do rio Mogi-Guaçu (RCPVFF, 30.6.1902, p.157), o qual, em 1903, acabou por substituir toda a via fluvial, que então seria desativada.

Nessa fase procuramos avaliar o comportamento da navegação fluvial dentro de uma conjuntura econômica que, ao incorporar novas técnicas e novas relações de produção na agricultura cafeeira, conduziu a um aumento de sua produção no Oeste Paulista, ampliando como resultado a demanda pela eficiência e capacidade nos transportes.

Na implantação dessa rede viária a Paulista não limitou seus interesses às atenções do mercado cafeeiro. Embora o café tenha lhe servido

---

1 RCPVFF (30.6.1904): "Quadro sinótico do tráfego e movimento financeiro da Companhia Paulista de Vias Férreas e Fluviais, desde o seu começo até 31 de dezembro de 1903".

de suporte, outras mercadorias circularam na via fluvial, atendendo às demandas da expansão demográfica e da consequente ampliação do mercado interno.

Pelo fato de o café ter se constituído na principal fonte de receita da empresa, cerca de 60% com relação às outras mercadorias, os dados apresentados pela empresa acabam discriminando genericamente outros produtos, o que dificulta o trabalho do pesquisador em identificá-los. Ainda assim, se considerarmos no período que as "mercadorias diversas" apresentaram uma receita em média de 35%, podemos concluir da importância de tais produtos circulando na via fluvial (Gráfico 7).

Com exceção do café que apresenta dados em todo o período pesquisado, e do sal durante um curto período de operação da seção fluvial, os demais produtos geralmente aparecem agregados e classificados como "outros" ou "diversos". Não obstante, tentando solucionar a bom termo tais dificuldades na análise dos dados, procuramos mediante o cruzamento das fontes identificar com maior propriedade tais produtos.

Com relação ao movimento do tráfego por estações, diante das dificuldades em disponibilizarmos séries completas dos dados, algumas vezes os utilizamos parcialmente, sob a condição de que não apresentassem lacunas que comprometessem nossas análises. Assim, recorremos, em princípio, ao movimento global anual das flutuações do tráfego em geral de toda a seção fluvial.

Fase de 1883 a 1889

Decidida pela instalação da via fluvial, em 1883 a Companhia Paulista deu início a um processo de planejamento que, partindo do levantamento das viabilidades técnicas e econômicas, se consolidou com a instalação progressiva da navegação ao longo do rio Mogi-Guaçu até alcançar o Pontal do rio Pardo no ano de 1887.

Essa navegação, tudo indica, nasceu direcionada para dois objetivos: o de criar uma infraestrutura de transportes mais eficiente para atender

106 HILÁRIO DOMINGUES NETO

à economia cafeeira em expansão no Oeste Paulista, e o de atrair para o seu tráfego um importante setor da pecuária em desenvolvimento em Minas Gerais, Goiás e Mato Grosso, nos limites com a província paulista, visando aumentar as receitas e os lucros da empresa. Nas palavras de um dos responsáveis pelo projeto e instalação da hidrovia, o engenheiro José Pereira Rebouças, as perspectivas econômicas daquele empreendimento eram as mais promissoras, uma vez que, de um lado, atuaria num mercado em expansão dos municípios vinculados à economia cafeeira, próximos ao rio Mogi-Guaçu, e de outro, alcançaria o da pecuária que se desenvolvia nas províncias vizinhas de Minas Gerais, Goiás e Mato Grosso. Como consequência teria a empresa o seu tráfego aumentado, o que lhe deveria propiciar crescentes receitas de exportação e importação (RCPEFOP, 11.8.1883, Anexo 1, p.23-4).

Quando, no ano de 1885, a navegação fluvial da Companhia Paulista de Vias Férreas e Fluviais começou a operar os transportes no rio Mogi-Guaçu, o seu presidente, sr. Fidêncio Nepomuceno Prates, em sua fala aos acionistas, destacou que os resultados iniciais tinham se mostrado bastante positivos. O tráfego da via fluvial tinha alcançado somente as estações de Porto Prainha, Porto Amaral e Porto Pulador, esta última a cinquenta quilômetros da estação inicial em Porto Ferreira. Ainda que dispondo apenas do serviço de um vapor e três lanchas, realizou o transporte das cargas daquelas estações sem contratempos (RCPVFF, 27.9.1885, p.13).

Quanto aos fretes dos transportes ferro-hidroviários, as empresas algumas vezes utilizaram como estratégia reduzir os seus valores de acordo com suas conveniências, a fim de atraírem o tráfego para as suas vias férreas ou fluviais, especialmente nos lugares em que outros fatores desestimulassem a sua procura.

Segundo o engenheiro Hammond, em virtude da reduzida distância de Porto Prainha e Porto Amaral, respectivamente a 20 e 30 quilômetros de Porto Ferreira, não compensava aos usuários daquele trecho pagar uma tarifa elevada por esse tráfego, pois, somando as despesas de carregamento e baldeação, os custos do transporte seriam bastante elevados em relação ao percurso.

NAVEGANDO O MOGI-GUAÇU 107

Diante de tais circunstâncias, os produtores preferiam deslocar suas cargas por terra até Porto Ferreira ou Descalvado, para as embarcarem direto na via férrea. Propunha o engenheiro adoção de uma tarifa mais reduzida, que compensasse os gastos de movimentação das cargas, para atrair aquele tráfego para a via fluvial (RCPVFF, 27.9.1885, Anexo 7, p.60-1).

O mesmo ocorria com relação ao Porto Pulador, a cinquenta quilômetros de Porto Ferreira, onde as tarifas deveriam ser suficientemente baixas para que os fazendeiros pudessem, no perímetro de algumas léguas, preferir a navegação para a remessa de seus cafés e recebimento de outros gêneros (ibidem, p.61).

O engenheiro Hammond afirmava que tão logo a Companhia Paulista adotasse para outras estações ribeirinhas fretes inferiores aos cobrados pela estrada de ferro, estimularia a plantação de café e outros produtos e, consequentemente, a formação de novas fazendas de criação atraindo para o seu tráfego o café e outros gêneros produzidos (ibidem).

Os fatos que acabamos de observar nos permitem afirmar que, aos interesses da Paulista em captar pela via fluvial a produção cafeeira das fazendas da região, somava-se o de atrair para esse tráfego outras mercadorias voltadas para as atenções do mercado interno.

Visto dessa perspectiva, concluímos que à navegação cumpria também um papel fundamental quanto ao desenvolvimento das forças produtivas na região. Diante da concorrência de sua principal rival, a Mogiana, instalada à direita do vale do Mogi-Guaçu, somente adotando uma política de fretes mais reduzidos poderia atrair para si uma importante parcela do tráfego de mercadorias das fazendas da região.

Não podemos deixar de considerar que para a navegação fluvial da Paulista concorrer com a ferrovia da Mogiana tinha de ser mais atrativa quanto aos custos dos transportes, pois a ferrovia indiscutivelmente transportava maior volume de carga, em melhores condições de segurança, com maior regularidade e em tempo menor. Além do mais, a navegação estava exposta às instabilidades que as condições climáticas impõem, no curso de rios que sazonalmente apresentam

108 HILÁRIO DOMINGUES NETO

reduzido volume de água com inúmeros obstáculos à livre navegação, como é o caso do Mogi-Guaçu.

Ainda assim, a navegação foi a única opção estratégica encontrada pela Paulista para aquele momento de intensa concorrência, como se observa no relatório de seu presidente:

> Que a Companhia Paulista tem imperiosa necessidade de sair do vale em que ela foi fechada, não resta dúvida, assim como, deve ela fazer o serviço da navegação de tal maneira que possa em todos os sentidos comparar com uma estrada de ferro, fazendo concorrência para parte do tráfego das grandes províncias além do rio Grande,[2] onde brevemente haverá tráfego, e talvez de sobra, para todos, isto é: para navegação e as estradas. Não é necessário entrar em detalhes quanto ao tráfego esperado, basta dizer que vão anualmente para o interior 11,000 toneladas de sal que será sempre remetido pelo caminho mais barato; e no valle do rio Mogi-Guaçu, entre Pontal e Porto Ferreira, os cafezais quase todos novos, já produzem mais de 360,000 arrobas de café, que também serão transportados por onde o frete for mais barato. (ibidem, p.77)

Pretendia, dessa forma, a Companhia Paulista atrair para o seu tráfego a produção de café que se expandia pelo vale do Mogi-Guaçu, e o comércio que se desenvolvia em torno da pecuária da região central do Brasil, onde o sal era um produto de grande demanda. Esse era também o plano da Mogiana.

Ao tratar do prolongamento da hidrovia de Pontal até o rio Grande, o engenheiro Hammond solicitava à diretoria que apressasse as providências para esse fim, e ao encerrar o seu relatório no ano de 1885, afirmava:

> Concluindo, permita-me dizer que fazendo a navegação somente até Pontal, não tira a Companhia todas as vantagens dela esperadas, porque brevemente uma das estradas de ferro concorrentes terá levado seus trilhos até o rio Grande. Nessa época naturalmente cessará grande parte de nosso

---

2 O relatório se refere ao rio Grande, da bacia hidrográfica do rio Paraná, nos limites entre as províncias de São Paulo, Minas Gerais, Goiás e Mato Grosso.

tráfego com sal, se a navegação não for prolongada até o rio Grande sem demora. (ibidem)

A questão da concorrência entre a Paulista e a Mogiana será a tônica que permeará a existência dessas duas empresas em nosso período de estudo. Os relatos sobre as demandas judiciais estão presentes em farta documentação consultada; no entanto, só serão referenciados quando necessários para o melhor encaminhamento de nossas inquirições. Esse é um entre tantos temas que estão à espera de pesquisas que busquem entender o desenvolvimento do capitalismo no período em estudo.

Fato concreto é que a Companhia Mogiana, no ano de 1888, já havia chegado ao rio Grande, na estação Jaguara, e no ano seguinte a Uberaba, e a Companhia Paulista ainda não havia ultrapassado o Pontal do rio Pardo no início de 1903.

Interessante observar que uma de nossas hipóteses de trabalho, com relação à presença do interesse da Paulista em ultrapassar a frente pioneira e alcançar outros setores da economia que não o cafeeiro – a pecuária da região central do Brasil –, começava a tomar consistência.

Tráfego de mercadorias – 1886 a 1889

Para a análise do tráfego de mercadorias pela via fluvial, sustenta-mo-nos em relatos em documentos da época e em dados referentes às flutuações em volumes ou valores disponibilizados, das mercadorias transportadas de 1886 a 1889. Iniciamos o estudo do período em 1886, considerando que a abertura dos primeiros portos ao tráfego, em 1885, já nos disponibilizava uma primeira série anual de dados.

No Gráfico 1, as curvas que refletem as flutuações das exportações e importações nos oferecem uma visão de conjunto do comportamento de cada um desses mercados. Na exportação aparecem o café e as diversas mercadorias, e na importação, o sal e as diversas mercadorias. No volume do sal, está incluído o importado pela Companhia para ser vendido no interior e o transportado para os particulares

Observando-se a curva que representa o volume de mercadorias que circularam na hidrovia (total de exportações e importações), constata-se um crescimento significativo desse volume a cada ano, o que constitui um forte indicador de prosperidade do empreendimento no seu início de atividade.

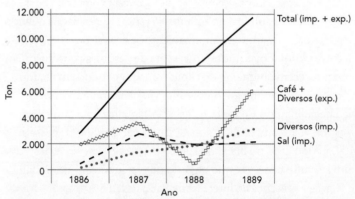

Gráfico 1 – Tráfego de mercadorias na via fluvial – 1886-1889 (em toneladas). Fonte: RCPVFF (30.4.1892, p.195).

O Ministério da Agricultura, em relatório sobre a Companhia Paulista de Vias Férreas e Fluviais, fez referências elogiosas à iniciativa da empresa, destacando os resultados obtidos com o início de suas atividades com a navegação:

> Foi a Companhia Paulista quem deu o salutar exemplo, presentemente seguido por muitas outras empresas de transporte, de completar a sua via férrea com o prolongamento da navegação fluvial, onde ela era capaz de exercer-se, mesmo com pesados sacrifícios.
>
> Já vos informei das importantes obras que tem ela levado a efeito nos rios Mogi-Guaçu e Pardo que correm em sua frente, e como ides ver, pelos resultados econômicos, que passo a expor, já começam a ter razoável compensação os gastos feitos com semelhante serviço.
>
> No primeiro semestre do ano de 1887 aumentou de 53% o peso dos transportes efetuados pela navegação a cargo desta companhia.
>
> Continua insignificante o movimento de passageiros, o que é natural atendendo aos inconvenientes que ainda oferece esse serviço, quase que exclusivamente destinado ao transporte de mercadorias.

NAVEGANDO O MOGI-GUAÇU **111**

[...] Concorre com importante fator para o serviço da navegação, o negócio do sal que a companhia vende por sua conta no extremo da navegação. Durante o ano último [1886] foram transportados 61.018 sacos de sal. A receita da navegação no segundo semestre de 1887 foi de 90:768$737 assim distribuídos:

Café e diversas exportações .... 31:163$380
Diversas importações .... 13:063$670
Transporte de sal .... 46:541$680
Soma .... 90:768$730
As despesas importaram em .... 63:050$040
Saldo .... 27:718$690

o que corresponde a 4,6% sobre o capital de 1.200:000$000. (Brasil, RMA, 1887, p.358-9)

Nos dados apresentados por esse órgão governamental, podemos observar que a navegação fluvial já iniciava com um significativo tráfego para o interior, tanto nas diversas importações quanto nas importações do sal. Esse fato constitui um forte indicador da presença de um mercado interno interessante.

Passando à análise das flutuações no tráfego de cada mercadoria, poderemos estabelecer algumas conclusões que devem indicar o grau de participação de cada um dos mercados nesse tráfego. Assim como Flávio Saes (1981, p.70) viu para a ferrovia, podemos afirmar que tais flutuações na via fluvial, entendida essa como um prolongamento da ferrovia, podem apresentar-se como reflexo bastante próximo da conjuntura de desenvolvimento econômico do período.

Tráfego de café

Como observou Wilson Cano (1983, p.42), a partir de 1886, com a inserção da mão de obra do imigrante e recuperados os preços do café em queda desde 1882, a expansão cafeeira vai passar por uma fase bastante favorável até 1887. Esses fatores fomentaram a expansão da área plantada em São Paulo, grande responsável pela sua futura ampliação

112 HILÁRIO DOMINGUES NETO

na participação da produção brasileira de café, que passaria de 40%, em 1885, para 60% na entrada do século XX. Outro fator de peso na agroexportação paulista foi o tecnológico. Vale a pena ressaltar o papel que teve a mecanização no processo de expansão cafeeira no Oeste Paulista.

A produtividade econômica cresceria ainda mais, com a introdução do uso das máquinas de beneficiamento de café, cuja fabricação já se desenvolvia em São Paulo, na década de 1870. Essas máquinas eram representadas por um conjunto de equipamentos de uso específico, como os despolpadores, descascadores, ventiladores, brunidores (para polimento), separadores/classificadores, modificadoras de tipos de café, etc. (Cano, 1983, p.32)

A navegação fluvial iniciou suas atividades dentro desse contexto, caracterizado por uma grande demanda de transportes para escoar as safras, e essas cresciam estimuladas pela alta rápida e quase inesperada do preço do café (Saes, 1981, p.85).

Nos dados que disponibilizamos para as exportações, o café aparece agregado aos "diversos gêneros". Os valores referentes aos diversos gêneros geralmente eram incorporados ao volume do café, conduta que pode encontrar justificativa no relato da diretoria da Paulista em assembleia no ano de 1890, alegando que quase todo o movimento de exportação era constituído por café destinado a Santos.[3]

Observando no Gráfico 1 a trajetória do volume do tráfego das exportações (café + diversos), constatamos que a curva reflete na média, após 1886, uma variação positiva, evidenciando o aumento da produção no período considerado.

Durante 1888, o volume das exportações sofre uma leve redução. Essa pode ser atribuída à quebra da safra de 1887/1888, da ordem de 50% sobre a média da produção brasileira, segundo observou Delfim Netto (1979, p.17).

---

3 RCPVFF (13.4.1890, Anexo 7, p.92); (25.9.1887, Anexo 1, p.23): "Como o café representa 80% da exportação e também é o tráfego mais lucrativo [...]".

No decorrer de 1889, acentua-se o volume do tráfego. Os indicadores apresentados por Delfim Netto (1979, p.21) apontam um aumento da produção brasileira de café de 3,14 milhões de sacas exportáveis nas safras de 1887/1888 para 7,02 milhões de sacas nas de 1889/1890, o que justifica plenamente tais flutuações.

Diante desses fatos, podemos por ora concluir que, também na hidrovia, as flutuações do fluxo de exportações estavam intimamente relacionadas com a conjuntura econômica internacional do preço do café.

Tráfego de sal

O sal, gênero de grande consumo que supria em grande volume as estações extremas da via fluvial mais próximas da atividade pecuária, é um produto que chama a atenção pela presença marcante nesse circuito mercantil. Ainda está também a merecer estudos que descortinem sua importância econômica no consumo pelas populações interiores e pela atividade criatória.

Desde o início da navegação, além de ter sido transportado para atravessadores particulares, foi comercializado pela própria Companhia Paulista, que também atuava como intermediária atacadista no mercado. No ano de 1887, o engenheiro Walter Hammond falava da prosperidade daquele comércio que a empresa já fazia na época. Negociado diretamente entre a Paulista e seus compradores, a sua falta chegara a ser motivo de reclamações em Pontal, na estação extrema da via fluvial (RCPVFF, 25.3.1887, Anexo 7, p.53).

No Gráfico 1, podemos constatar que o tráfego do sal durante 1887 indica uma acentuada elevação. Esse comportamento seria consequência da chegada da navegação fluvial da Companhia Paulista ao Porto do Pontal, facilitando dessa forma o transporte desse produto para o interior a um preço mais baixo do que o realizado pelos comerciantes que exploravam aquele ramo de atividade mercantil na região.

Quando da abertura da estação fluvial do Pontal ao tráfego, a diretoria da Paulista no início de 1887 apontava resultados altamente

114 HILÁRIO DOMINGUES NETO

positivos dos primeiros momentos de suas atividades nos transportes da região, destacando a importância do comércio do sal para aquele remoto interior:

> Até a abertura desta estação, grande tráfego de sal não foi realizado, porque o público não tinha vantagem em desviar dos seus caminhos acostumados, para ir em procura de sal nas margens do rio Mogi-Guaçu, porém, o fato que desde a abertura do Porto Pontal, isto é, durante 44 dias, mais de 10.000 sacos de sal, foram transportados além de 450 toneladas de gêneros diversos, é prova suficiente que a Companhia tinha fundados motivos para resolver a navegação deste rio. (RCPVFF, 25.3.1887, Anexo 7, p.50)

É importante lembrarmos que os interesses da Companhia Paulista em conquistar o tráfego da região central coincidiam com os da Mogiana, e ambas se envolveram em uma acirrada disputa pelo monopólio daqueles mercados. Esta última, no ano de 1887, já havia chegado a Franca, onde o comércio de sal tinha sido bastante desenvolvido desde o final do século XVIII, tempo de intensa atividade mercantil de abastecimento para as minas pelo Caminho de Goiás, a "Estrada do Sal" (Oliveira, 1997, p.55).

A Paulista no ano de 1887 acusou a interferência da Mogiana nos negócios do sal que era comercializado com o interior, alegando que aquela empresa havia reduzido o frete do produto para lhe fazer concorrência, motivo da inflexão negativa da curva do tráfego de 1887 para 1888. Reagindo, a diretoria da Paulista mandou reduzir os fretes nas estações de Pitangueiras e Pontal, porém as duas empresas entraram em um acordo, e a Paulista acabou não alterando o valor de suas tarifas (RCPVFF, 25.3.1887, Anexo 7, p.56).

Para agravar mais essa situação, no ano de 1888, segundo relato da Paulista, faltou esse gênero no mercado e o preço pedido pelos negociantes de Santos e São Paulo elevou-se exageradamente. A cadeia comercial estava estrangulada pela cartelização e monopolização da distribuição. Como a maior parte do sal que seguia para o interior era comprada pela empresa, esta se absteve esperando melhorar a situação:

Como até agora, para a conveniência da contabilidade e também para inspirar confiança aos fregueses da Companhia do remoto interior, temos sempre procurado vender o sal a um preço só. Assim, não foi conveniente comprar sal a preço exagerado, que nada de lucro deixará para a Companhia. É de esperar que essa falta logo desapareça, e que a Companhia possa comprar mais barato a vista do câmbio favorável e muitas casas esperarem chegadas de sal. (RCPVFF, 30.9.1888, Anexo 2, p.40)

Como se observa, a política cambial em defesa do café, que interferia nos preços internos desse produto quando o mercado internacional freava sua demanda, atuava, por sua vez, como um fator de restrição às importações (Delfim Netto, 1979, p.19):

> [...] o aumento substancial da remuneração [da produção cafeeira] em moeda nacional se verificou em 1887, onde uma pequena exportação (devido a uma grande redução na colheita) não foi suficientemente compensada pela elevação dos preços externos e a receita total das divisas proveniente do produto caiu. O câmbio reagiu desfavoravelmente e os preços em moeda nacional subiram mais (quase 60%) do que os preços internacionais (cerca de 30%).

Essa baixa do câmbio agia como um fator compensador na tentativa de repor as perdas causadas na exportação do café, quer por motivos endógenos (secas e geadas), como no caso apontado por Delfim Netto, quer por retração de mercado internacional, como veremos mais adiante. Em contrapartida, o efeito inverso era o do aumento dos preços dos produtos importados, como o sal, diante da desvalorização da moeda nacional.

O governo geral, por seu lado, também interferia nos negócios do sal por meio da tributação. Ao se referir aos resultados obtidos no segundo semestre de 1887, Hammond chamava a atenção quanto aos efeitos negativos da política tributária do governo:

> Durante o semestre foram transportadas 31.519 sacas até as estações de Porto Pitangueiras e até Porto Pontal. O aumento em número de sacas foi apenas 2.000 superior ao transporte do semestre anterior.

116 HILÁRIO DOMINGUES NETO

Poderá ser isto explicado pela incerteza a respeito do imposto do Governo Geral. Entretanto o tráfego do sal deixou resultado magnífico. (RCPVFF, 1.04.1888, Anexo 7, p.49)

O resumo de balanço que Hammond apresentou sobre as receitas do tráfego na seção fluvial no segundo semestre de 1887, quando a hidrovia já operava em toda a sua extensão, dá uma ideia mais precisa da importância do comércio e transporte de sal em relação aos outros produtos.

Tabela 9 – Receita da navegação – 2º semestre 1887

MERCADORIA	VALOR (MIL-RÉIS)	PORCENTAGEM DO TOTAL (%)
Café e diversas exportações	31:163$380	34,3
Diversas importações	13:063$670	14,4
Transporte do sal (importação)	46:541$680	51,3
Total da receita	90:768$730	100,0
Total de importações (diversos+sal)	59:605$350	65,7

Fonte: RCPVFF (1.4.1888, Anexo 7, p.49)

Do exposto, ainda que Hammond tenha justificado que a baixa receita do principal produto do tráfego, o café, no semestre em questão (34,3% da receita total), tenha resultado das pequenas safras em razão das estações dos portos Prainha, Amaral e Pulador, os dados dão ao "negócio do sal" uma participação que comprova a importância dessa atividade para a empresa, ao haver gerado cerca de 51,3% da receita total da via fluvial no período considerado. Restaram para as *importações diversas* 14,4% da receita total, de que trataremos mais adiante.

Analisando no Gráfico 1 o comportamento do volume de sal transportado pela navegação fluvial de 1886 a 1889, podemos observar que, partindo de 457 toneladas em 1886 e após atingir a cifra de 2.760 toneladas já em 1887, não se mantém a tendência de crescimento e, nos anos de 1888 e 1889, se mantém em níveis mais baixos, respectivamente de 1.943 e 2.250 toneladas.

NAVEGANDO O MOGI-GUAÇU 117

Esse comportamento reflete o início da concorrência em razão da expansão do ramal férreo da Companhia Mogiana para o interior, conquistando pouco a pouco o tráfego de mercadorias com a região central, onde Uberaba se apresentava como um dos importantes entrepostos comerciais, no tráfego com a Companhia Paulista. A chegada da Mogiana a Uberaba, conforme observou Hildebrando Pontes (1978, p.93), serviu para acelerar ainda mais o desenvolvimento daquele reduto mercantil:

> Em 1874, a situação desta praça era a mais lisonjeira possível, com tendência à elevação. Havia, além de muitos armazéns de sal e molhados, dez casas de varejo e doze de atacados e varejo. O tráfego das mercadorias em trânsito pelas estradas do município elevou-se a 3.206.521 quilogramas, dos quais apenas 91.275 se destinavam a localidades fora do mesmo.
>
> A exportação orçava para 301.807 quilogramas.
>
> Esse movimento animador multiplicou-se com a aproximação dos trilhos da Companhia Mogiana de Estradas de Ferro, atingindo ao auge, depois que a mesma aqui inaugurou o seu tráfego de passageiros e mercadorias, a 23 de abril de 1889.

Diante do oligopólio imposto pela Mogiana no tráfego de sal com o comércio de Uberaba, a Paulista teve de optar por outra saída para se manter atuando no mercado da região central. Assim, passou a concentrar seus esforços na direção de outro entreposto mercantil, a vila de Frutal. O engenheiro José Pereira Rebouças, quando das explorações que fez em 1883 para atestar a viabilidade do empreendimento da navegação fluvial, havia destacado a importância do comércio com aquela vila para os interesses da Paulista (RCPVFF, 11.8.1883, Anexo 1, p.24-6).

Na opinião do engenheiro Hammond, a transferência de mercado garantiu à Paulista, naquele momento, a manutenção do comércio do sal com o interior:

> Este fato de ter o sal ressuscitado sem a Companhia diminuir o preço de transporte é de muito grande alcance, porque prova, que o tráfego de sal, para o remoto interior, está começando a passar pela vila de Frutal

118 HILÁRIO DOMINGUES NETO

que é equidistante de Pontal e Uberaba. Além disso, em toda margem esquerda do rio Mogi-Guaçu desde Jaboticabal, e a esquerda do rio Pardo até o rio-Grande não pode ser comprado sal em outra parte por preço tão barato como da Companhia Paulista.

Isto parece garantia suficiente para provar o grande futuro da navegação, porém mais eloquente ainda são os algarismos do transporte do sal nos seis meses últimos, apesar do choque que sofreu o tráfego em abril:

Número de sacos transportados......................29.499

Lucro na venda fora do frete.......................5:000$000

Aqui deve ser notado um fato importante – a redução do frete para o transporte de mercadorias de Porto Pontal em diante feito pelos carroceiros –, assim provando que essa classe principal de transportes de mercadorias para o remoto interior já está apreciando as vantagens oferecidas pelo Porto Pontal, como ponto de partida para o interior. (RCPVFF, 25.9.1887, Anexo 10, p.57)

Esse relato nos mostra, além da estratégia adotada pela Paulista para a manutenção de seus negócios na região, as consequências da redução do preço do sal naquele remoto sertão. O fato de ter provocado uma baixa generalizada nos custos dos transportes daquela mercadoria, deve ter repercutido positivamente na atividade pecuária.

O que se pode concluir é que as flutuações do volume do tráfego de sal resultaram, em grande parte, da concorrência com a presença na região de duas empresas em busca do monopólio de um comércio promissor.

Tráfego de diversas mercadorias

Quanto às importações de "diversos", observamos no Gráfico 1 que a curva que os representa dá indicações de seu aumento crescente. Suas flutuações estariam diretamente relacionadas ao desenvolvimento do mercado interno, decorrente do povoamento do Oeste Paulista e da intensificação tráfego de produtos com a região central, sugerindo a existência de um volume intenso de produtos circulando nesse tráfego.

Constatamos na Tabela 9 que, no segundo semestre do ano de 1887, as importações de "diversas mercadorias" foram responsáveis por 14,4% da receita da empresa, que somadas à receita do sal corresponderam a um total de 65,7% da receita da navegação naquele semestre. Considerando que o segundo semestre é o de maior movimento no tráfego de café, fica evidente a importância das diversas mercadorias nesse início da navegação, sob a hegemonia do sal.

Nesse mesmo ano, Hammond informava à diretoria da Companhia Paulista:

> O seguinte relatório trata da navegação de todo o rio Mogi-Guaçu, desde o seu ponto inicial Porto Ferreira até Porto Pontal, onde ele entra e forma parte do rio Pardo. No dia 10 de janeiro [1887] foram abertas as estações de Porto Pitangueiras e Pontal. Desde aquela data o tráfego tem marchado com toda regularidade, tendo sido conduzido nas lanchas toda a qualidade e espécie de mercadorias, incluindo grandes caldeiras a vapor e outros maquinismos empregados na lavoura. (RCPVFF, 25.9.1887, Anexo 10, p.55)

As narrativas arroladas por Martins (1987, p.317) junto a antigos moradores de Pontal testemunham a importância da navegação da Paulista no abastecimento de um significativo comércio com o interior: "De grande importância era o Porto do 'seu' Joaquim, pois dali partiam os transportes que demandavam ao sertão do rio Preto, conduzindo sal, querosene e demais mercadorias com que se abasteciam os moradores daquele sertão bruto".

Adélia Junqueira Bastos (1999, p.73-4) também destaca a importância daquele comércio com a região central do Brasil, onde no Pontal do rio Pardo "José Joaquim do Pontal" comercializava as mercadorias que de Porto Ferreira desciam o rio Mogi-Guaçu nos barcos da navegação fluvial:

> O ponto de comércio era a venda de José Joaquim do Pontal, como era chamado, casado com Dona Etelvina...
> Havia épocas em que, demandando do porto de Pontal, chegavam 15 a 20 carros de boi trazendo e carregando mercadorias. Era ainda um grande sertão ali...

120 HILÁRIO DOMINGUES NETO

As mercadorias descarregadas no Pontal do rio Pardo eram transportadas por terra, evitando outra corredeira. Embarcada novamente em batelões seguiam tranquilas, rio Pardo abaixo, até o rio Grande.[4] Descendo esse rio, divisa do Estado de São Paulo, chegavam até Frutal, já em Minas Gerais, à margem direita do rio. Descarregadas então as mercadorias, sal, açúcar, ferro e muitas outras coisas, eram transportadas em lombo de burro para o sertão do Triângulo Mineiro, conhecido então por Sertão da Farinha Podre.

Essas narrativas constituem um precioso testamento histórico de que, a partir de sua implantação integrada à ferrovia, a navegação fluvial possibilitou captar para o tráfego da empresa o mercado de uma importante região em desenvolvimento.

A análise dos dados sobre a evolução do tráfego da seção fluvial no período considerado apresenta indicadores que contribuem para atestar a prosperidade desse empreendimento, conforme afirmou no ano de 1887 o presidente da Companhia Paulista, sr. Fidêncio Prates:

A navegação dos rios Mogi-Guaçu e Pardo acaba de entrar em nova fase.

Até agora tínhamos... a consignar os dispendiosos sacrifícios feitos pela Companhia para melhorar as condições de navegabilidade do rio, sem que ainda pudesse colher os prometidos frutos do nosso empreendimento...

Felizmente a abertura das novas estações fluviais até Pontal, veio justificar nossas fundadas esperanças de que a navegação será a garantia da futura prosperidade da Companhia, ao mesmo tempo que impulsionará poderosamente o comércio, não só da nossa, como das províncias vizinhas.

Escusado é dizer-vos que se não fora a navegação estes gêneros deixariam de transitar por nossa linha férrea, de Campinas por diante. Compreendeis, pois, que mesmo quando a navegação diretamente não fosse lucrativa, o aumento de tráfego que proporciona à estrada de ferro, seria sobejamente remunerativo dos capitais nela empenhados. Mas considerada em si, sem atenção aos lucros indiretos, ainda é uma empresa de primeira ordem. (RCPVFF, 25.3.1887, p.9-10)

---

4 A navegação a que se refere a autora, além do Pontal do rio Pardo e em direção ao rio Grande, deve ter sido feita por particulares, pois como já foi observado a navegação fluvial da Paulista não foi além daquele porto.

Tráfego de viajantes

Qual teria sido o grau de participação da navegação da Paulista no povoamento da região, no transporte de passageiros? Vale lembrar que o transporte gratuito de imigrantes[5] havia se inserido na política adotada nesse período de expansão da cafeicultura. Por sua vez, a abolição da escravatura ampliara o universo de cidadãos livres em circulação. Somente esses fatos já pressupõem algum movimento significativo na via fluvial.

Observando, no entanto, os primeiros relatos da empresa, o transporte de passageiros aparece sempre como secundário:

> O número de passageiros é insignificante [1885], e tão cedo não será muito grande, porque as margens do rio ainda não estão povoadas, e porque quando a distância entre o rio e uma estrada de ferro é igual, naturalmente a última é escolhida pelos passageiros. Também ainda que o número de passageiros fosse dez vezes o atual, a Companhia tiraria pouco lucro deste ramo de tráfego. Sempre a condução de passageiros nos vapores será considerada uma concessão da parte da Companhia para com o público; assim, por muitos e muitos anos a Companhia não achará conveniência em fazer correr seus vapores de combinação com os trens da estrada de ferro. (RCPVFF, 4.4.1886, Anexo 6, p.56)

Apesar de ter ido sempre em crescimento carece ainda de importância [1890] o movimento de passageiros pela linha fluvial.

Não nos deve, porém, impressionar semelhante resultado porquanto o serviço de navegação no rio Mogi-Guaçu é quase exclusivamente destinado ao transporte de mercadorias. Os vapores, simples rebocadores das chatas ou lanchas, não têm grandes acomodações para passageiros, e além disto, sendo demorada a viagem rio acima, os moradores ribeirinhos procuram de preferência as linhas da Rio Claro Railway e da Mogiana, que se desenvolvem no vale deste rio ou suas proximidades. Acresce que as margens do Mogi-Guaçu são pouco povoadas, sendo a vila de Jaboticabal o único núcleo importante de população que há perto do rio. [...]

---

5 "A Companhia Paulista não cobrava passagem e nem o frete de bagagens aos colonos e imigrantes que transitavam em suas linhas internando-se pela província, desde 18 de novembro de 1882" (RCPVFF, 30.3.1884, p.5).

122 HILÁRIO DOMINGUES NETO

Somente agora é que vão se povoando mais terras, o que é perfeitamente demonstrado pelo aumento da importação. (RCPVFF, 26.4.1891, Anexo 8, p.146 e 150)

Apesar dessas observações, sabemos que o momento é de grande relação entre café, ferrovia e população, e, portanto, algum grau de participação deve ter tido a via fluvial nesse setor. Segundo Camargo (1952, p.81-2), de 1886 a 1900, ocorreu um aumento de cerca de 86,6% da população paulista, que passou de 1.221.380 habitantes para 2.279.608, e dobrou de 1900 a 1920, para 4.600.000.

Na divisão regional que faz do estado de São Paulo, a área ocupada pela Companhia Paulista, no vale do Mogi-Guaçu, está compreendida na 5ª Região, a "Baixa Paulista". Camargo aponta como característica peculiar dessa região o rápido crescimento de sua população, que quase decuplicou de 1836 a 1900, tendo dobrado de 1900 a 1920, e mais adiante conclui:

> Esta zona, como se vê, é uma das mais interessantes por representarem, as suas atividades econômicas e o seu povoamento, um resumo da evolução econômica e demográfica do estado de São Paulo, quer pela pluralidade de sua produção, quer pela composição de sua população. (ibidem, p.38)

Nessa quadra de nossa história, dois acontecimentos fomentaram a movimentação de trabalhadores livres para as frentes pioneiras: de um lado, a imigração subvencionada, com a fundação da Sociedade Promotora da Imigração no ano de 1886, que vai trazer grandes contingentes de imigrantes para abastecer de mão de obra a cafeicultura (Dean, 1977, p.151); de outro, o fim da escravidão em 1888, um movimento de contingentes de libertos que se direcionará para essa região, conforme evidencia um relatório da Paulista sobre o tráfego em sua ferrovia, no ano de 1888:

> Como era de esperar, o número de passageiros de 2.ª classe tem aumentado muito mais do que o de 1.ª classe, porque naquela classe vão todos que estão gozando as vantagens da liberdade concedida pela lei de 13 de Maio. Este aumento de 32.008, refere-se só aos que pagam as suas

passagens. Além destes a Companhia tem transportado 32.536 imigrantes grátis. (RCPVFF, 30.9.1888, Anexo 1, p.22)

Em 1887, quando a imigração subvencionada já se encontrava em grande expansão, encontramos no relatório do presidente da empresa a expressão da realidade desse mundo de mercadorias no qual a navegação se inseria:

Continua a companhia a transportar gratuitamente para os diversos pontos de sua linha, os imigrantes que chegam à província, resolução que foi a primeira a tomar, e hoje adotada por todas as outras...

Cumpre não esquecer também que a navegação do Mogi-Guaçu vai prestar auxílio valioso a este ramo do serviço público, transportando imigrantes para os municípios de S. Rita do Passa Quatro, São Carlos do Pinhal, S. Simão, Ribeirão Preto, Araraquara e Jaboticabal, porque ninguém ignora que as linhas férreas do Rio Claro e Mogiana, afastando-se muito das margens do Mogi, impossibilitam o fácil e cômodo transporte de imigrantes para as propriedades ribeirinhas, obrigando-os a viagens de 6 a 8 léguas por péssimas estradas.

O grande desenvolvimento agrícola destes lugares, a corrente imigratória que se avoluma pelos recentes contratos com a Sociedade Promotora de Imigração, nos convencem que vamos prestar um relevante serviço à província, concorrendo para o incremento de suas rendas. (RCPVFF, 25.9.1887, p.15)

Fica evidente a intenção da Paulista em conseguir pela via fluvial facilitar o transporte de imigrantes para a região do vale do Mogi-Guaçu. Sua posição de certa forma traduzia a expectativa de que, naquele momento, ao atender gratuitamente ao deslocamento de imigrantes para a frente pioneira, estaria investindo no aumento da produção das lavouras da região, o que indiretamente ampliaria, no futuro, o volume de mercadorias que ela teria a transportar.

Era um investimento futuro, naquele universo produtivo em gestação: "Se de um lado, a Companhia tem pelo momento, um prejuízo em transportar esses imigrantes grátis, do outro lado, cada imigrante é mais uma garantia da prosperidade da Companhia no futuro" (RCPVFF, 30.9.1888. Anexo 1, p.23).

124 HILÁRIO DOMINGUES NETO

Com relação ao tráfego de viajantes[6] na via fluvial, podemos constatar pelo Gráfico 2 que no total de passageiros e imigrantes que transitaram pela via fluvial no período de 1885 a 1889 ocorreu um fluxo constante o progressivo, o que de certa forma evidencia um movimento ligado à expansão da fronteira demográfica no vale do Mogi-Guaçu. Segundo Camargo (1952, p.91-2), a partir de 1886 Jaboticabal, Descalvado e Pirassununga já contavam com mais de vinte mil habitantes, e Araraquara, de 1886 a 1900, teve a sua população triplicada. Essas localidades constituíam de certo modo áreas relacionadas à expansão do Oeste Paulista.

Observando no Gráfico 2, o movimento do tráfego de passageiros e imigrantes, temos a sustentação do que afirmamos a respeito dos efeitos do fim do estatuto da escravidão e da nova política de imigração adotada. A curva relativa ao tráfego de passageiros, que atinge uma elevação no decorrer de 1887, como consequência da abertura de Pontal ao tráfego, após 1888 assume uma elevação mais brusca, o que pode ser reflexo do fim da escravidão.[7]

Quanto ao tráfego de imigrantes, as projeções relativas aos anos de 1887 e 1888 confirmam os efeitos da nova política de imigração adotada. Após 1888 a curva declina negativamente até 1889, indicando uma redução nesse tráfego. Consultando o censo de 1907 (Brasil. IBGE, 1986, p.261), constatamos que, dos 104.353 imigrantes italianos que entraram no Brasil no ano de 1888, esse número caiu para 36.124 em 1889, ou seja,

---

6 A partir deste ponto trataremos pelo termo "viajantes", como geralmente faz a empresa em seus relatórios, quando quisermos englobar a um só momento o movimento de "passageiros" e de "imigrantes". A diferença entre um e outro é a de que o "passageiro", ao pagar a passagem, produz receitas para a empresa, e o "imigrante", por estar isento do pagamento de passagem, não produz receitas.

7 Cf. Ellis Júnior (1960, p.345): "A metamorfose sofrida então pela fazenda latifundiária [de Santa Eudóxia] não fora apenas na sua estrutura econômica, causada pelo advento da ferrovia, mas também no seu aspecto, em virtude da imigração". Para esse autor, desde 1887, sucessivas ondas de imigrantes italianos e espanhóis chegavam à província de São Paulo, tomando o vazio deixado pelos escravos libertos que migraram para os centros urbanos, abandonando o trabalho rural.

bem menos da metade. Nesse fato encontramos a justificativa para a redução no tráfego de imigrantes, uma vez que na expansão da cafeicultura paulista predominou a imigração italiana (Bacellar, 1999b, p.144).

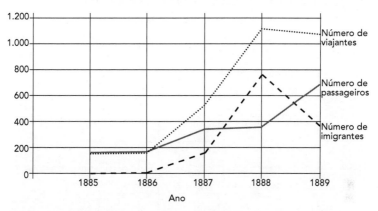

Gráfico 2 – Tráfego de viajantes na via fluvial – 1885-1889.
Fonte: RCPVFF (2.4.1895, p.61-3).

O município de São Carlos foi um exemplo típico desse fluxo migratório. Segundo Osvaldo Truzzi (1986, p.60), durante mais de duas décadas, até 1904, recebeu um fluxo substancial de imigrantes de origem italiana. Esse período engloba o da navegação da Paulista no rio Mogi-Guaçu.

O que se pode concluir do que acabamos de verificar é que, apesar do discurso dos diretores da Companhia Paulista, de que o movimento de viajantes da via fluvial era secundário para os interesses da empresa, as flutuações desse tráfego são reflexos de diferentes fatores conjunturais que influíram nesses movimentos populacionais.

Segundo Carlos Bacellar (1999b, p.145), as flutuações nos níveis de entrada dos imigrantes estiveram intimamente ligadas à conjuntura econômica e política. Fatores como as crises da economia cafeeira, decorrentes das quedas de preços no mercado, interferiam tanto na imigração subsidiada quanto na espontânea, fazendo que seus índices caíssem. De outro modo, mudanças conjunturais nos países de origem desses imigrantes também contribuíam para desestimular eventuais candidatos.

Fase de 1890 a 1903

Uma das características marcantes desse período é a expansão da rede ferroviária da Companhia Paulista de Vias Férreas e Fluviais. Enquanto a via fluvial não passara do Pontal do rio Pardo até a sua desativação, com uma extensão em tráfego de 200 quilômetros, a rede ferroviária, no entanto, de 1890 a 1903, ampliou de 250 para 979 quilômetros a extensão do tráfego em suas linhas.

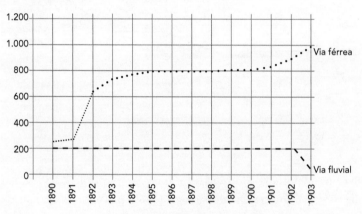

Gráfico 3 – Extensão do tráfego da CPVFF – 1890-1903. Fonte: CPVFF (30.6.1904, Anexo p.10).

Com o avanço da frente pioneira cafeeira no vale do Mogi-Guaçu e o consequente aumento da produção de café, a Paulista passou a incorporar ferrovias que antes lhe eram rivais, na tentativa de conquistar o monopólio dos transportes nessa região.

Cercada pela Companhia do Rio Claro e Ituana de um lado, e pela Mogiana do outro, como se pode observar no mapa da Figura 5, com a navegação fluvial a Paulista começava a se sentir ameaçada de perder grande parte daquele tráfego, que com a expansão cafeeira a cada dia se tornava mais expressivo.

Desde 1883, ou mesmo desde a concessão das linhas do Rio Claro a Araraquara e seu ramal, que a Companhia Paulista por um erro, jamais

NAVEGANDO O MOGI-GUAÇU 127

perdoável, não quis construir... viu-se esta entalada por todos os lados, não podendo nem prolongar-se nem alargar sua rede, salvo dentro da zona privilegiada. Daí os esforços desordenados que a partir de 1887 começou a empregar para sair desta situação. Veio-lhe primeiro a mania de fusão com as linhas vizinhas, e depois a de compra. (Silva, 1904, p.531)

O engenheiro Adolpho Augusto Pinto, que no ano de 1888 havia sido contratado pela Companhia Paulista para assessorar a diretoria da empresa nas decisões técnicas e nas estratégias administrativas, ao assumir as funções de chefe do escritório Central e de engenheiro auxiliar da Diretoria, também apontou a crítica situação em que se envolvera a Paulista, diante da concorrência de outras estradas:

> [...] completamente cercada por empresas mais novas, que lhe tomavam a dianteira, atacavam-lhe os flancos e começavam a despojá-la dos melhores elementos de prosperidade e engrandecimento, deixando-lhe por muito favor, como única válvula de expansão, a precária navegação do Mogi-Guaçu, empreendida e levada a efeito sem nenhum auxílio dos públicos poderes, apesar das importantes obras que tiveram de ser realizadas no leito do rio, que pouco se prestava a um serviço regular de navegação. (Pinto, 1970, p.33)

Partindo de tal afirmação daquele que seria o articulador das decisões sobre os rumos a tomar pela empresa, observa-se em sua fala uma clara oposição à navegação fluvial.

Ao se afastar do cargo por aposentadoria, em 1925, no balanço que fez de sua atuação na administração da Companhia de 1888 a 1925, informou que nesse período a extensão das linhas havia passado de 250 para 1.283 quilômetros, entre os quais destacou importância às que se estenderam sobre o vale do rio Mogi-Guaçu (ibidem, p.80).

Com base nos dados disponibilizados nos relatórios da Companhia Paulista, tentaremos encontrar os elementos que justifiquem nossa hipótese, de que o fim da navegação fluvial que essa empresa mantinha no rio Mogi-Guaçu resultou da concorrência causada pelas suas próprias linhas férreas em expansão na região.

128 HILÁRIO DOMINGUES NETO

Na Tabela 10 registramos os dados referentes à fase de expansão da ferrovia, estando a navegação já totalmente instalada, com uma extensão em tráfego de 200 quilômetros. O que se constata é a relação direta entre a expansão da ferrovia com a abertura de novas estações férreas no vale do Mogi-Guaçu e a desativação progressiva das estações da via fluvial. Esse processo, iniciado em 1895 com o fechamento dos portos de Cunha Bueno e Cedro ao tráfego, se consolidou em 1903, com o fechamento do Porto do Pontal do rio Pardo, e a desativação de toda a via fluvial.

Tabela 10 – Evolução da malha viária da Companhia Paulista de Vias Férreas e Fluviais (1890-1903)

ABERTURA, COMPRA OU FECHAMENTO AO TRÁFEGO.	ESTAÇÃO DA FERROVIA / PORTO VIA FLUVIAL	OBSERVAÇÃO
3/1891	Hidrovia - Porto Pulador(1)	Tráfego transferido para Porto Cunha Bueno (3)
1º.4.1891	Compra da Companhia Ramal Férreo de Santa Rita (1)	Ferrovia-Porto Ferreira a Santa Rita do Passa Quatro
1º.4.1892	Compra da Rio Claro Railway & Co. (1)	Ferrovia
6.6.1892	Abertura das estações Hammond e Guariba (1)	Ferrovia
5.5.1893	Abertura da estação Jaboticabal (1)	Ferrovia
20.9.1893	Abertura da estação Santa Eudóxia (1)	Ferrovia
2/1895	Hidrovia-Portos Cunha Bueno e Cedro (1)	Fechados ao tráfego fluvial
1º.12.1899	Abertura da estação Tombadouro no Ramal de Santa Rita (1)	Ferrovia
12/1900	Hidrovia-Porto de Jatahy (1)	Fechado ao tráfego fluvial
18.5.1900	Concessão para o prolongamento Rincão-Pontal do rio Pardo (2)	Ferrovia
30.12.1901	Abertura das estações de Guatapará, Guarany e Martinho Prado (1)	Ferrovia
12/1901	Hidrovia-Portos Guatapará e Martinho Prado (1)	Fechados ao tráfego
29.12.1902	Abertura da estação de Bebedouro (1)	Ferrovia
1º.2.1903	Abertura das estações de Barrinha e Pitangueiras (1)	Ferrovia

ABERTURA, COMPRA OU FECHAMENTO AO TRÁFEGO.	ESTAÇÃO DA FERROVIA / PORTO VIA FLUVIAL	OBSERVAÇÃO
25.3.1903	Hidrovia-Portos Barrinha, Pitangueiras e Pontal(1)	Fechados ao tráfego
30.4.1903	Hidrovia-Porto Amaral(1)	Fechado ao tráfego, ficando extinta toda a seção fluvial

Fontes: (1) Relatório da CPVFF do ano de 1904; (2) Silva (1904, p.538); (3) RCPVFF (26.4.1891, p.185). Nota: Estão relacionadas somente as vias férreas ou ramais envolvidos com o processo de expansão ferroviária na área de influência da navegação.

Passemos agora a acompanhar o movimento do tráfego da via fluvial em mercadorias e viajantes para, mediante análise de suas flutuações conjunturais, conduzirmos nossas avaliações sobre o funcionamento da seção fluvial da Paulista.

Considerando a importância das receitas geradas pelo tráfego de mercadorias na seção fluvial, para a análise que aqui fazemos, além dos dados do tráfego em volume, utilizamos os valores monetários disponibilizados nos relatórios da empresa.

O café, talvez pela importância que assumia nesse momento no tráfego da empresa, conforme se pode constatar nos dados do Gráfico 7, passou a vir discriminado separadamente.

Nessa fase os dados sobre o sal começaram a ficar escassos, não apresentando, como na fase anterior, uma série homogênea que permitisse avaliar suas flutuações. Optamos então pelas receitas da venda de sal, que aparecem discriminadas nos balancetes da via fluvial de 1890 a 1894.

A década de 1890 consumiu praticamente todo o espaço de nosso estudo nessa fase. Entre os que analisaram esse período, Delfim Netto (1979, p.1-46), ao tratar da economia cafeeira, e Flávio Saes (1981, p.86-93), das ferrovias paulistas, nos ofereceram importantes subsídios sobre o comportamento do mercado internacional do café e sua repercussão em âmbito nacional nesses setores.

A queda da taxa de câmbio a partir do ano de 1890, segundo Delfim Netto, provocou uma elevação dos preços do café em moeda nacional, num momento em que se prenunciavam a queda dos preços internacionais e a retração da demanda por esse mercado. Os dados da Tabela 11 evidenciam esse processo.

130 HILÁRIO DOMINGUES NETO

Tabela 11 – Evolução da taxa cambial e preços do café (1889-1890)

ANOS	TAXA CAMBIAL	PREÇO EXTERNO	PREÇO INTERNO
1889	26 7/16	100	100
1890	9/16	113	120
1891	14 29/32	90	171
1892	12 1/32	87	201
1893	11 19/32	103	276
1894	10 3/32	92	290
1895	9 15/16	91	262
1896	9 1/16	69	252
1897	7 23/32	47	180
1898	7 3/16	41	163
1899	7 7/16	42	156
1900	9 16/32	46	171

Fonte: Delfin Netto (1979, p.22).

Os preços do café no mercado internacional se mantiveram estáveis de 1890 a 1894, ainda que ocorresse o aumento da oferta. No entanto, a crise que envolveu a economia norte-americana, provocando uma retração na demanda do produto, aliada ao aumento das safras com a produção dos cafeeiros plantados quando da alta induziram à queda desses preços a partir de 1895 (Delfim Netto, 1979, p.28).

Na fase anterior deste capítulo, recorremos aos indicadores de Delfim Netto para justificar o aumento da oferta de café brasileiro no mercado internacional para os anos de 1889/1890 como resultado do estímulo à expansão da área de plantio, que provocou os atraentes preços desse mercado na década anterior a 1890.

Nessa nova fase, em que o mercado internacional não tinha capacidade de absorver a quantidade produzida a não ser a preços mais baixos, o estímulo à produção teve por base os efeitos de uma queda no câmbio mais rápida do que nos preços do café. Para Delfim Netto (1979, p.22), aí residiu o fator responsável pela expansão da cultura cafeeira naquele momento.

Assim, o estímulo à expansão dessa cultura no início do século XX foi ainda maior do que o do anterior. Contribuíram para isso as estradas de ferro e a navegação fluvial, ao transformarem com os seus transportes "em recursos efetivamente utilizáveis uma quantidade

NAVEGANDO O MOGI-GUAÇU 131

enorme de terras férteis apropriada para a plantação do cafeeiro, e possibilitarem o fluxo da corrente imigratória para aquelas regiões, melhorando as disponibilidades de mão de obra" (ibidem):

A conjugação dos preços altos com essas disponibilidades de fatores de produção exerceu um impulso poderoso sobre a nossa produção, que passou de pouco mais de 6 milhões de sacas entre 1892/96 para nada menos de 9,3 milhões na safra de 1896/97, ou seja, quatro anos depois, e para 11,2 milhões em 1897/04, quando todo o cafezal se tornou adulto, encontraremos 12,7 milhões de sacas. A elevação dos preços havia, portanto, dobrado a produção brasileira em menos de 10 anos. (ibidem, p.22-3)

Conforme observa Flávio Saes (1981, p.85-6), se a única consequência da desvalorização cambial fosse o crescimento da produção cafeeira, pelo menos de início as ferrovias seriam favorecidas, no entanto a queda da taxa de câmbio contribuía para o aumento das despesas de custeio[8] das empresas de transportes ferroviários, e hidroviários. Tendo entre seus componentes básicos os combustíveis e óleos lubrificantes, na sua maioria importados, esses tiveram os seus preços aumentados.

---

8 Cf. Flávio Saes (1981, p.129-30): "A despesa de custeio das ferrovias apresenta dois elementos básicos: primeiro, os pagamentos de pessoal que absorvem, em geral, parcelas próximas ou superiores a 50% do total da despesa de custeio das ferrovias. O segundo componente importante da despesa de custeio é o gasto em combustível que, na despesa de material, ocupa aproximadamente 50% da verba. Por isso, mudanças no valor dos salários e no custo de combustíveis, assumem o principal papel para determinar o nível de despesas ferroviárias. Entretanto, face às peculiaridades da economia brasileira no período estudado, a variável que marca as flutuações da despesa (pelos efeitos exercidos sobre o nível de salários e, principalmente, sobre o custo do combustível) é a taxa de câmbio. A desvalorização da moeda brasileira acarreta, de imediato, o aumento dos preços dos produtos importados: como o combustível básico é o carvão obtido externamente, a queda do valor da moeda levava ao aumento do gasto com combustível. Mas o declínio da taxa de câmbio, mesmo quando derivado exclusivamente do estado do mercado de divisas, anunciava a necessidade de reajuste salarial: na medida em que grande parte dos bens de consumo vem do exterior, a desvalorização da moeda implicava no aumento do custo de vida do ferroviário que deve pressionar no sentido de obter maior salário".

132 HILÁRIO DOMINGUES NETO

A elevação do valor das importações gerou a inflação, pois grande parte dos bens de consumo era importada, e como consequência provocaram demandas por aumentos de salários pelos trabalhadores ferroviários, e hidroviários (ibidem). As observações da diretoria da Companhia Paulista sobre as despesas de custeio dos anos de 1891 e 1892 são bastante ilustrativas a esse respeito. Em 1891, o relatório da via fluvial apontava o aumento das referidas despesas como decorrência dos aumentos de salários em níveis de 10% a 20%, para que os trabalhadores pudessem fazer frente à alta do custo de vida, o que repercutia diretamente no funcionamento tanto da ferrovia quanto da hidrovia, conforme informou o Inspetor Geral da Companhia:

> Conforme já tive ocasião de levar ao conhecimento de V. S., reduzi ao número estritamente indispensável as viagens dos vapores, no intuito de restringir o mais possível a despesa com o material, e mantive o menor número admissível de tripulantes a fim de atenuar a despesa com o pessoal, muito agravada com o aumento de fevereiro. (RCPVFF, 30.4.1892)

No ano de 1892, persistindo a crise econômica, a diretoria da Companhia Paulista informava aos seus acionistas:

> O extraordinário aumento da despesa com o material, que atingiu nas vias férreas, a mais de 100% e a 50% na via fluvial, que não queima carvão, proveio quase que exclusivamente de seu muito maior custo, devido principalmente a baixa do câmbio, e às onerosas estadias e mais despesas a que obrigam as condições do porto de Santos.
> O carvão, gasto em 1892, custou em média 79$538 por tonelada, quando no ano anterior havia custado apenas 36$118. O aumento foi, pois, de 43$420 por tonelada! ...
> O aumento com os óleos para lubrificação das locomotivas e veículos foi também extraordinário... (RCPVFF, 30.4.1893, p.86-7)

Do exposto, observa-se que a desvalorização cambial acarretava o aumento das despesas das ferrovias e da hidrovia, o que constituía um fator de alto comprometimento para a rentabilidade dessas.

Suas receitas que dependiam diretamente das tarifas, em termos monetários não cresciam na mesma proporção da inflação gerada pela queda do câmbio (Saes, 1981, p.87).

Tráfego de sal

Nessa segunda fase, no Gráfico 4, materializamos as flutuações do tráfego de sal de 1886 a 1891, considerando como total do tráfego na via fluvial o volume destinado à venda pela própria Paulista e as importações desse produto pelos comerciantes atacadistas. Reconstituímos a série a partir do ano de 1886 para possibilitar uma ideia de conjunto sobre o comportamento das flutuações ocorridas no fluxo do tráfego desse produto.

O que nos chama de imediato a atenção é a inversão que ocorre entre as curvas que representam o volume de sal comercializado pela própria Paulista e o destinado a suprir as encomendas dos comerciantes atacadistas do interior. Esse comportamento no gráfico aponta a mudança ocorrida no "negócio do sal", constituindo-se num forte indicador de que a Companhia Paulista abandonou a atividade de comércio desse produto, que passou para as mãos de particulares.

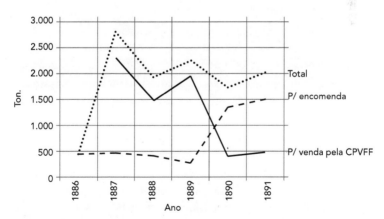

Gráfico 4 – Tráfego de sal na via fluvial – 1886-1891. Fonte: RCPVFF (30.4.1892, p.194-5).

134 HILÁRIO DOMINGUES NETO

Segundo os relatórios da empresa, no ano de 1890 a navegação transportou 1.730 toneladas de sal, que se comparadas com as 2.250 toneladas de 1889 representavam uma diminuição de 520 toneladas no tráfego dessa mercadoria. Desse total de 1.730 toneladas transportadas em 1890, 414 toneladas destinavam-se ao comércio próprio da companhia, e 1.316 constituíam as encomendas dos comerciantes atacadistas da região.

Um fato que contribuiu para a redução no volume total de sal transportado pela Seção Fluvial no ano de 1890 foi, por certo, a seca que assolou o estado de São Paulo. Constata-se que, de um tráfego total de mercadorias (café, sal e diversos) equivalente a 11.505 toneladas no ano de 1889, no ano de 1890 ocorreu uma redução para 10.389 toneladas, ou seja, uma diferença para menos de 1.116 toneladas no total de mercadorias do tráfego fluvial (RCPVFF, 26.4.1891, Anexo 8, p.148-9).

A empresa, por sua vez, passou a priorizar a encomenda do sal por particulares, pela qual cobrava fretes, deixando de lado o comércio por sua conta, como se constata num relatório que fez o inspetor geral Manoel Pinto Torres Neves ao presidente da empresa, o sr. Elias Antonio Pacheco Chaves:

> Cumpre observar que tive numerosos pedidos de sal para a vila de Jaboticabal, como em tempo comuniquei a V. S. Não foi possível atendê-los para não preterir as cargas de particulares armazenadas na doca de Porto Ferreira. E por esse motivo só foram vendidas 414 toneladas de sal da Companhia. (RCPVFF, 26.4.1891, p.147-8)

Atentando para esses fatos, o que se observa é que a Companhia Paulista passou a optar pela atenção aos pedidos dos comerciantes atacadistas, o que se, por um lado, a afastava do monopólio desse comércio, por outro, lhe possibilitava aumentar as receitas provenientes dos fretes do transporte de sal:

> No ano de 1890 diminuiu o sal transportado por conta da Companhia aumentando o particular, devido ao acordo realizado com o negociante de Pontal, José Joaquim Ferreira Junior. Com efeito, em 1889 essa estação recebeu sal particular que produziu o frete de 969$100 para a via férrea e 934$040 para a navegação. Em 1890 recebeu 1.160,600 quilogramas deste

gênero que deixaram a renda de 9:447$920 à linha fluvial e igual quantia à férrea. (RCPVFF, 26.4.1891, Anexo 8, p.148)

Esse acordo entre a companhia e o comerciante do Pontal, pelo que consta, continuou em vigor, e se no ano de 1891 o total de sal transportado teve um aumento de 294 toneladas em relação ao de 1890, foi em razão do grande consumo por parte do comércio da vila de Jaboticabal (RCPVFF, 13.4.1890, p.149).

Esses dados sobre as receitas geradas pelo sal transportado para particulares constitui-se num importante fator a se considerar, com relação a uma possível opção pela Companhia Paulista de abandonar o comércio do produto e dedicar-se exclusivamente ao seu transporte para esses comerciantes.

Com a projeção dos resultados dos balancetes da empresa do ano de 1890 a 1894, referentes aos "lucros na venda do sal", constata-se que a partir do ano de 1891 a redução da receita com a venda do sal é constante. Em 1894, atinge um nível bem abaixo daqueles dos demais momentos de sua evolução. Essas flutuações apontam para um reduzido nível de comercialização do produto pela Paulista, já nos fins desse ano (Gráfico 5).

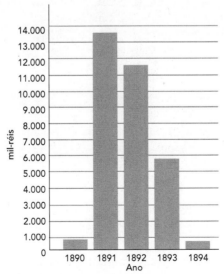

Gráfico 5 – Receita do sal na via fluvial – 1890-1894.
Fonte: RCPVFF (26.4.1891; 2.4.1895; 30.4.1896).

136 HILÁRIO DOMINGUES NETO

Esses fatos, analisados em seu conjunto, reforçam nossa proposição de que, com a intensificação da atividade mercantil por particulares nas regiões extremas da via fluvial, a Companhia Paulista acabou se dedicando exclusivamente ao transporte desse produto.

Recorrendo ao trabalho de Saes (1974, p.98), quando trata do tráfego de sal na Mogiana, observamos nos dados apresentados, que em 1889, ano em que aquela ferrovia chegou a Uberaba, o volume de sal saltou de 8.749 toneladas em 1887 para 13.077 em 1888, e no ano de 1889, atingiu ao número de 20.537 toneladas.

Esse comportamento nas flutuações do tráfego do sal na Mogiana constitui-se num indicador de que, com a abertura de sua estação férrea em Uberaba, a empresa conquistou a hegemonia desse tráfego com a região central, afastando a Paulista da disputa mercantil. Daí concluirmos que, a partir de 1894, a Companhia Paulista já estava se retirando do comércio do sal, que passara às mãos de outras empresas, ou de particulares como o negociante do Pontal, José Joaquim Ferreira Junior.

Outro fator que deve ter influenciado na decisão da Paulista se materializa quando constatamos significativas elevações no valor do frete do sal transportado pela empresa, que de $075 (réis) em 1884 passou a $100 em 1894 e a $173 em 1900 (Saes, 1981, p.122).

Nesse tipo de atividade, deve-se levar em conta ainda que, para a comercialização do sal, a empresa tinha que imobilizar parcela de seus capitais na compra e estocagem do produto cujo retorno só se daria após a venda. Esse fato, agravado pelas condições de comercialização impostas por um mercado sujeito às incertezas de uma política cambial que refletia de forma crônica no preço das importações, certamente levou a companhia a direcionar-se unicamente para os transportes.

Nessas condições, com o aumento do valor do frete, a atividade de transporte do sal deveria ter se apresentado como mais vantajosa, pois, além de liberar seus capitais para outros investimentos, propiciava uma liquidez que não era possível com a prática comercial desse produto.

Esse foi, a nosso ver, o motivo da mudança pela Companhia Paulista no tratamento que passou a dar ao "negócio do sal" que, a partir de 1894, passou a se circunscrever somente à geração de receitas pelos fretes, tanto no tráfego das vias férreas quanto no da via fluvial.

Isso, no entanto, só serve para reforçar nossa hipótese inicial de que, junto dos interesses voltados para as atenções da economia cafeeira, ela conjugou outros, nesse mundo de mercadorias, entre os quais os lucros provenientes do comércio e tráfego do sal foram bastante estimulantes.

Tráfego de viajantes – 1890-1903

Quando tratamos do movimento de viajantes no período de 1885 a 1889, constatamos que as variações no fluxo desse transporte na via fluvial refletiam uma estreita relação com a expansão da fronteira demográfica na região, decorrente da expansão cafeeira no vale do Mogi-Guaçu.

A partir do momento em que a Paulista passou a incorporar outras ferrovias na região, processo iniciado em 1891 com a compra da Companhia Ramal Férreo de Santa Rita, seguido da compra da The Rio Claro Railway Company em 1892 e da expansão de seus ramais no vale do Mogi-Guaçu, passou a captar progressivamente pela via férrea o tráfego em geral da seção fluvial que mantinha naquele rio. Esse fato alterou o quadro que encontramos de 1883 a 1890, pois, além de se ver livre das restrições do privilégio de zona, que limitava sua atuação à navegação fluvial na região, acabou substituindo a hidrovia pela via férrea, à medida que expandia os novos ramais.

A preferência dos viajantes pela ferrovia em detrimento da hidrovia foi um fato incontestável. O trem, além de propiciar mais conforto, tinha maior regularidade nos horários e cumpria seu itinerário em menor tempo. Além disso, era o grito da modernidade, que a todos congregava nos festejos da chegada de seus trilhos a uma região.[9]

Essa preferência também se dava em razão da segurança que oferecia, em contraste com uma viagem de imprevistos, em um rio de inúmeras corredeiras. As doenças a que estavam sujeitos os ribeirinhos com maior intensidade eram outros fatores que deviam fazer da escolha pela ferrovia uma realidade.

---

9 A respeito da "modernidade" pelos engenhos a vapor, ver Hardman (1988).

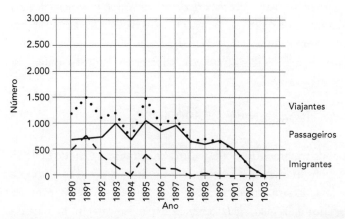

Gráfico 6 – Tráfego de viajantes na via fluvial – 1890-1903. Fonte: Relatórios da CPVFF.[10]

Passemos a analisar os fatores que possam estar relacionados com as flutuações desse tráfego na via fluvial utilizando as projeções no Gráfico 6.

A precipitação cambial ocorrida no final de 1891, elevando o custo de vida a uma taxa de 50% (Faoro, 2000, p.128), deve ter repercutido nas flutuações do tráfego de passageiros que no setor de transportes é o que apresenta maior sensibilidade aos períodos de crise (Saes, 1981, p.75-6).

No ano de 1892, a ocorrência de uma epidemia de varíola em Porto Ferreira quase paralisou os serviços da Companhia Paulista:

> Em fins de janeiro deste ano apareceram nesta localidade casos de febre grave, que rapidamente se desenvolveram e tomaram caráter epidêmico dizimando a população e os empregados da Companhia. Naturalmente o serviço se ressentiu, mas felizmente não foi preciso interromper o tráfego fluvial, apesar de ficar aquele lugar inteiramente abandonado por seus habitantes e a população quase reduzida somente aos empregados da Companhia. (RCPVFF, 30.4.1892, p.234)

---

10 RCPVFF: anos de 1890 e 1891: (n.43, de 30.4.1891, p.193); ano de 1892: (n.44, de 30.4.1893, p.46); ano de 1893: (n.46, de 2.4.1895, p.4); anos de 1894 a 1903: (n.55, de 30.6.1904, p.22). Anos de 1890 a 1903: (n.55, de 30.6.1904, p.25).

NAVEGANDO O MOGI-GUAÇU 139

De 1890 a 1892, portanto, verificamos que as flutuações do tráfego de passageiros mantiveram uma relativa estabilidade. O pequeno acréscimo que se observa em 1891 e 1892 pode ser justificado pela redução ocorrida nas tarifas das passagens de 1ª e 2ª classes, respectivamente, em torno de 25% e 12% (RCPVFF, 30.4.1892, Anexo 5, p.97 e 187).

Em 1893, o País se convulsionou diante da Revolta da Armada, e o porto de Santos, principal corredor de exportação de São Paulo e porta de entrada dos imigrantes para a lavoura, correu o risco de ser atacado pelos revoltosos.[11] No relatório da Companhia Paulista sobre o ano de 1894, esse é um dos motivos que justificou a queda que ocorreu no tráfego de viajantes em suas linhas: "A causa da diminuição da receita de viajantes e do telégrafo tem natural explicação na revolta, e na falta de transações em café que atua em geral sobre todas as fontes de renda do estado" (RCPVFF, 2.4.1895, p.98).

A expansão ou retraimento da agroexportação, como se constata nesse relato, afetava diretamente o movimento de viajantes, e as baixas safras desse ano repercutiram no tráfego.

A partir do ano de 1898, entramos num dos períodos que Saes (1981, p.75) aponta como caracterizado pelo nítido declínio de transporte de passageiros nas ferrovias. A hidrovia, pela sua condição de complementaridade daquela, sentirá o mesmo efeito. Para esse autor, os dados apontam uma relativa estagnação ou mesmo declínio do número de passageiros transportados, como resultado da fase de recessão da política econômica deflacionista do governo de Campos Sales e Joaquim Murtinho.

Os registros da Companhia Paulista indicam o movimento do ano de 1898, como o mais fraco em todos os departamentos, acentuando-se essa depressão especialmente no movimento de passageiros.

Como causa desse comportamento no tráfego de passageiros, a diretoria da Paulista responsabilizou, de um lado, a crise econômica que atravessava o País, decorrente da forte depreciação cambial, e de outro, o *imposto de trânsito* criado pelo governo federal que aumentara os preços das passagens.

---

11 Cf. <http://www.crl.edu/content/brazil/sao.htmu/info/brazil/são.html>.

Agravando esse imposto o preço das passagens na razão de 20% de sua importância, corresponde de fato a um aumento da tarifa em grau que realmente não podia deixar de afetar o movimento de viajantes, extremamente sensível a qualquer alteração no regime de fretes. (RCPVFF, 30.6.1899, p.5-6)

Esses fatores repercutiam também no fluxo de transporte de passageiros pela via fluvial.

Com relação ao tráfego de imigrantes na via fluvial, diante da interferência de vários fatores, como o fluxo de imigração para São Paulo, a captação de parte desse tráfego pelos ramais ferroviários em expansão, tanto da Companhia Paulista quanto da Companhia Mogiana, qualquer tentativa de análise de suas flutuações, sem se considerar todas as possíveis variáveis, corre o risco de não traduzir a realidade de suas projeções.

Vale considerar que a Paulista, por meio de sua seção fluvial, se manteve nesse período inserida na política de transporte gratuito de imigrantes, concorrendo dessa forma para o abastecimento das fazendas ribeirinhas com essa mão de obra.

O último movimento que se verificou no tráfego de imigrantes pela via fluvial foi o do ano de 1899, quando o fluxo imigratório, segundo Camargo (1952, p.225), já manifestava bruscas quedas para o Brasil, e particularmente para São Paulo, desde 1898.

Ao concluirmos esta parte, chamamos a atenção para o fato de que, ainda que o tráfego de viajantes tenha sido considerado uma atividade complementar pela empresa, suas flutuações refletem, embora em menor escala em relação ao tráfego da ferrovia, as influências da conjuntura econômica e dos reflexos da política imigrantista no período, conforme havíamos pressuposto ao analisarmos a fase anterior.

Tráfego de mercadorias – 1890-1903

O elevado grau de participação das receitas no tráfego de mercadorias, segundo demonstra Saes (1981, p.79), atesta a importância preponderante desse tipo de serviço para os transportes das estradas de ferro.

Com a seção fluvial da Companhia Paulista de Vias Férreas e Fluviais, extensão natural do ramal férreo a partir de Porto Ferreira, não foi diferente. Os próprios diretores da empresa foram insistentes em afirmar que o serviço de navegação do rio Mogi-Guaçu era quase exclusivamente destinado ao transporte de mercadorias (CPVFF, 26.4.1891, Anexo 8, p.146).

Com os dados projetados no Gráfico 7, constatamos que a receita do tráfego de mercadorias, compreendendo o café e os diversos, preenche em média, ao longo de quase toda a sua existência, cerca de 90% da receita total do tráfego da via fluvial, o que atesta a sua expressiva superioridade sobre as demais receitas.

Comparando no Gráfico 8 as projeções do volume do tráfego de "café", em toneladas, em relação às projeções desse tráfego das "mercadorias diversas", constatamos a superioridade no volume de tráfego das "mercadorias diversas" durante quase toda a década de 1890. Somente no período de 1898 a 1901 é que essa situação se inverteu. O mesmo não ocorre quando analisamos essa relação pelo valor da receita (Gráfico 7), na qual o café, a partir de 1893, assume expressiva liderança entre as demais receitas do tráfego da via fluvial. Embora em menor proporção em relação à receita gerada, o tráfego de "mercadorias diversas", visto da perspectiva do volume em circulação, marcava forte presença nesse mercado em expansão.

Como a maior parte da receita do tráfego da hidrovia é o resultado da tarifa cobrada pelo transporte de mercadorias, é no valor dessas que iremos procurar a explicação para essa relação aparentemente contraditória de se obter maiores receitas com um menor volume de exportação em relação à importação.

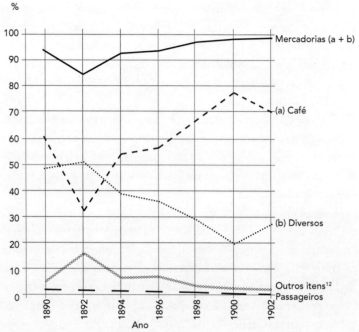

Gráfico 7 – Participação das diversas verbas na receita do tráfego da via fluvial (1890-1902).
Fonte: RCPVFF (26.4.1891; 30.4.1893; 2.4.1895; 30.6.1897; 30.6.1899; 30.6.1901; 30.6.1903; 30.6.1905).

Flávio Saes (1981, p.120) aponta para os limites impostos a esse tipo de avaliação, tendo em vista a complexidade das classes de mercadorias adotadas para o estabelecimento das tarifas. Ainda assim, os dados que esse autor organizou ao estudar a evolução das tarifas nas ferrovias paulistas nos servirão de subsídio para o estudo dessa questão:

---

12 Encomendas e bagagens, animais, telegramas, armazenagem, porcentagem pela arrecadação de imposto, aluguel de casas, venda de material velho, rendimento de balsas, venda de terrenos, vapores especiais, carga e descarga de lanchas, lucro na venda do sal, receitas diversas etc.

NAVEGANDO O MOGI-GUAÇU 143

Tabela 12 – Tarifas máximas pelas ferrovias (valores nominais em réis)

ESPECIFICAÇÃO	1884	1894	1900
Café, por ton-km	$ 206	$ 206	$ 288
Gêneros alimentícios, por ton-km	$ 075	$ 075	$ 075
Sal, por ton-km	$ 075	$ 100	$ 173
Animais (cavalos e bois), por cabeça	$ 075	$ 075	$ 084
Madeiras, por ton-km	$ 048	$ 048	$ 067

Fonte: Saes (1981, p.122).[13]

Pelo que se verifica na Tabela 12, o café era o que pagava maiores fretes, o que não inviabilizava de certa forma o seu transporte em relação às outras mercadorias, tendo em vista ser um produto de alto valor no mercado.

Como no segundo semestre afluíam grandes quantidades de café para as estações da ferrovia e da hidrovia, ficando o movimento no primeiro semestre reduzido, os administradores dessas empresas reiteradamente reivindicavam à diretoria redução dessas tarifas, visando estimular a produção de outros gêneros diversos que preenchessem os vazios do café na entressafra.

Essa foi uma importante contribuição dessas empresas, no sentido de fomentar a diversificação do mercado, possibilitando uma maior circulação de outras mercadorias além do café.

Assim é que, no ano de 1891, o chefe da Navegação, sr. Freitas Reys, alertava a diretoria da Paulista para a necessidade de reduzir as taxas cobradas pela Companhia, visando aumentar o tráfego da via fluvial e estimular o aumento do comércio na área de influência da navegação.

Para Reys, a redução dos fretes dos cereais, do toucinho, dos queijos e outros produtos estimularia a produção desses gêneros, o que propiciaria um maior volume de mercadorias nas exportações, nos meses em que o tráfego de café estivesse em baixa em razão da entressafra. Justificava a importância dessa medida, como um meio para reduzir a capacidade

---

13 Notas do autor: (1) Consideramos as tarifas máximas, ou seja, as que são cobradas por distâncias menores de 50 km. Para distâncias maiores há reduções nas tarifas por ton-km. (2) No ano de 1900, a tarifa móvel é calculada com base no câmbio de 12 dinheiros. (3) Gêneros alimentícios incluem: cereais, farinhas, frutas, banha... e outros menos significativos.

144 HILÁRIO DOMINGUES NETO

ociosa das lanchas, que nesse período retornavam para Porto Ferreira com reduzida carga (RCPVFF, 26.4.1891, Anexo 8, p.161-2).

Outro relatório sobre o ano de 1891 apontava a necessidade de se incentivar o desenvolvimento de outras lavouras, especialmente a de cereais, mediante a cobrança de um frete mínimo sobre a exportação desses pela via fluvial. Justificava a importância da medida, uma vez que ela imprimiria maior regularidade à circulação de *mercadorias diversas* naquela via, ainda que se priorizasse o transporte de café durante a safra (RCPVFF, 30.4.1892, p.209).

Analisando em conjunto os dados apresentados por Saes e os relatos dos agentes da Paulista, podemos entender o porquê de as receitas das *mercadorias diversas*, ainda que em maior volume, terem se apresentado menores do que as receitas obtidas com o *café*. Este último, pelo seu alto valor de comercialização, podia pagar fretes mais elevados do que os *diversos*, e, desde que mantida essa relação, sempre teria prioridade sobre as outras mercadorias em circulação por esse tráfego.

Outro aspecto a se considerar quando se trabalha com classes diferentes de mercadorias é o da relação preço por unidade de peso de determinados produtos.

É o caso dos itens para a indústria de construção, como cal, cimento, tijolos, telhas, madeiras, entre outras, de baixo valor tarifário, e, portanto, geradoras de baixas receitas, mas que geralmente podem expressar grandes volumes de tráfego.

O engenheiro Walter Hammond foi bem elucidativo a respeito, alegando em relatório do ano de 1888 que o tráfego de importação, além de ser mais trabalhoso,[14] era menos lucrativo que o de exportação, no qual prevalecia o café.

---

14 Neste ponto é importante ressaltar que as instalações e os equipamentos do cais de Porto Ferreira foram planejados de forma a facilitar a baldeação de café, que era embarcado diretamente das lanchas para o vagão da linha férrea. No entanto, outras mercadorias, especialmente as de importação, requeriam diferentes processos de transporte e armazenamento, o que deveria dificultar os trabalhos da empresa. Um outro detalhe é que os demais portos da via fluvial não dispunham de uma infraestrutura como a de Porto Ferreira, com um cais aparelhado para a baldeação de mercadorias, nos moldes do daquela estação inicial.

Para Hammond, a importação de materiais como carvão de pedra, trilhos e acessórios para as estradas de ferro, de cal, madeiras, tijolos, telhas, lenha e mecanismos, entre outros, ainda que representasse um elevado volume em toneladas na importação por estarem esses produtos classificados nas tabelas de tarifas mais baixas, não se comparava em valores monetários às elevadas receitas produzidas pelas exportações (RCPVFF, 30.9.1888, p.23-4).

Como se pode observar, nas fases de instalação de sistemas de comunicações e transportes, e na manutenção desses, no desenvolvimento da construção civil que dá suporte às obras das fazendas e das povoações em expansão, na equipagem da agricultura com máquinas de beneficiamento do café, a ferrovia cumpriu um importante papel. A via fluvial transportou em suas lanchas grandes caldeiras a vapor e outros maquinismos, que passaram a ser empregados na moderna lavoura do Oeste Paulista. Cumpriu ainda um importante papel logístico para a instalação do ramal ferroviário do Mogi-Guaçu a partir de Rincão:

Só em Julho chegou a ponta dos trilhos á beira do rio, atravessando-se a grande vargem, conhecida pelo nome de Varjão, com uma linha provisória, em parte ao nível do terreno e margeando o aterro começado.

Para prosseguir o assentamento, se construio na margem direita, em ponto conveniente pra desembarque do material transportado da outra margem, uma linha provisória, na extensão de 600,00m até alcançar a diretriz da estrada.

A passagem da locomotiva que tinha de trabalhar no avançamento fez-se em duas lanchas ajoujadas, que depois serviram para o transporte de materiaes de uma margem para outra. [...].

Depois de atravessar o Guassú, desde o Km. 11 até o Km. 68, em frente ao porto de Pitangueiras, o traçado segue a direcção que lhe era forçosamente imposta, dirigindo-se por entre o rio e a linha divisória da zona privilegiada da Companhia Mogiana. (RCPVFF, 30.6.1902, p.159-63)

Diante da dificuldade em identificar muitos dos diversos produtos que circularam nesse circuito mercantil, recorremos a algumas informações que de certa forma podem nos fornecer indicações sobre a dimensão do mercado interno paulista na região de nosso estudo.

Figura 21 – Barcas transportando locomotiva no rio Mogi-Guaçu. Fonte: Foto do acervo do historiador Roberto Vasconcellos Martins.

Além da preocupação da Companhia Paulista em fomentar o desenvolvimento de outros setores produtivos ao lado da cafeicultura, pela prática de uma política de fretes atrativa, outros fatores diretamente ligados à expansão ferro-hidroviária contribuíram para a expansão do mercado interno.

O alto custo dos transportes em razão do distanciamento progressivo da frente pioneira em relação ao porto de Santos, principal porta e entrada dos produtos que vinham do exterior, ou dos de outras províncias, aliado às dificuldades de comunicações interiores fizeram das fazendas do Oeste Paulista grandes latifúndios poliprodutores. Esse foi o caso da fazenda de Santa Eudóxia, entre outras.

Segundo Ellis Júnior (1960, p.344-5), com a chegada dos trilhos da Companhia do Rio Claro a São Carlos, que por estrada de terra distanciava entre 30 e 40 quilômetros da fazenda de Santa Eudóxia, rompeu-se aquele isolamento. Ao facilitar o transporte do café, a ferrovia, por sua vez, estimulou o aumento de sua produção, o que levou a fazenda a concentrar suas atividades na cafeicultura perdendo, pois, a sua diversificação produtiva. A partir desse momento, criou demandas de abastecimento por outros núcleos rurais e pelos centros urbanos, o que provocou a dinamização do comércio com a região.[15]

Essa constatação evidencia uma ruptura com o modelo explicativo colonial que defende a *plantation* como uma unidade autossuficiente, ou de que, "em nível microeconômico, a unidade de produção colonial se reproduziria, em grande medida, à margem do mercado" (Fragoso, 1998, p.78).

Outro fator de peso para a diversificação das atividades produtivas no Oeste Paulista foi a instituição do sistema de colonato nas relações de trabalho com a mão de obra imigrante, que possibilitou a geração de um excedente para a mercantilização, além da produção direta de alimentos para a subsistência.

> Era também permitido ao colono o usufruto das linhas de terras constituídas pelas ruas de café, bem como a criação de alguns animais, como galinhas, porcos e, conforme a fazenda, vacas e cavalos. A venda do excedente de suas roças e da criação complementava o ganho do colono, proveniente de seu trabalho no cafezal. (Bacellar, 1999b, p.147)

O relatório que o dr. Bernardino de Campos, presidente do Estado de São Paulo, fez à Assembleia Legislativa no ano de 1904 nos dá uma ideia dos números da exportação da produção paulista, direcionada para o mercado interno e para o exterior:

---

15 Cf. Ellis Júnior (1960, p.344-5): "Com essa progressiva marcha da supressão do isolamento das propriedades rurais paulistas, dos latifúndios autárquicos do nosso Oeste, bem como do advento das comunicações ferroviárias, os núcleos urbanos foram se formando e se desenvolvendo, e com isso, a classe média em São Paulo, engrossada em grande parte pelo comércio burguês localizado nos centros urbanos, foi tomando vulto".

148 HILÁRIO DOMINGUES NETO

Tabela 13 – Gêneros de produção do estado de São Paulo, exportados livres de direitos, durante o exercício de 1903

GÊNEROS DE PRODUÇÃO	QUANTIDADE (KG)
Aramina	1.776
Tecidos de algodão	1.866.049
Tecidos de aniagem e sacaria	1.281.797
Fios e tecidos diversos	54.150
Calçados	53.468
Solas e couros preparados	343.335
Garrafas e louças	1.579.551
Ferragens e maquinismos	469.124
Produtos químicos e medicinais	124.326
Cerveja e bebidas	1.328.384
Frutas e conservas	132.226
Salames e carnes	188.577
Sementes	1.292.243
Bananas	802.807
Feijão	6.164.210
Milho	2.724.064
Arroz	379.033
Farinha de trigo e farelo	3.818.878
Diversos	1.393.854
Valor oficial dos gêneros acima	20.069:398$950

Valor oficial dos gêneros diversos de produção do estado de S. Paulo, exportados, e sobre os quais foram cobrados direitos de exportação:

GÊNEROS DE PRODUÇÃO	VALOR OFICIAL (MIL-RÉIS)
Chifres	30:123$140
Couros	374:137$900
Fumos	425:462$571
Lastro para navios	14:650$000
Peles	3:770$997
Diversos gêneros	79:223$387
TOTAL	20.996:766$925

Contém este quadro os produtos da pequena cultura e de diversas indústrias, saídos do estado, não compreendendo, portanto artigos da mesma natureza, consumidos dentro do estado.

Estes devem atingir a um alto algarismo, que mal pode ser avaliado, com exceção dos produtos da indústria de tecidos, que são estimados no valor de 45.000:000$000 para o consumo interno e para a exportação. Parece-me que não será exagerado dar á totalidade dos produtos das indústrias estranhas ao café a média anual de 100.000:000$000. Inestimável é a vantagem que dessa variedade e abundância de produtos resulta para a vida da população, que encontra assim todos os recursos de que necessita, e por preços cômodos. (São Paulo – Estado, 7.4.1904, p.232-4)

No mesmo documento (ibidem, p.229), o presidente da província informava que o valor das exportações da produção paulista de café para o ano de 1903 tinha sido da ordem de 201.324:425$035 (mil-réis). Considerando a estimativa de Bernardino de Campos de que a "produção estranha ao café", representava em 1903 uma receita média anual de 100.000:000$000 (mil-réis), podemos deduzir que essa perfazia cerca de 50% do total das receitas das produções da província.

Se, junto a essa observação sobre a presença de uma produção significativa de outras mercadorias ao lado da produção cafeeira, atentarmos para a diversidade dos itens dos quadros apresentados por Bernardino de Campos, poderemos sugerir que muitos desses produtos certamente circularam pela via fluvial, destinados a atender a um amplo mercado tributário da Companhia Paulista de Vias Férreas e Fluviais, ainda que os valores monetários apontassem a hegemonia do café.

No que se refere à circulação de "diversas mercadorias", além do café pela via fluvial, pudemos constatar a presença do registro de exportações em todos os portos da via fluvial (Tabela 14). Esse fato constitui prova irrefutável da presença de uma produção regional à margem da agroexportação cafeeira, que encontrava na navegação fluvial o suporte para a sua comercialização. Esse dado é significativo, tendo em vista que essas mercadorias preenchiam, em parte, os vazios em razão da sazonalidade das remessas de café para o porto de Santos.

Quanto às importações de um modo geral, o que se constata é que, no conjunto, elas superam em volume as exportações, apresentando valores bastante expressivos à medida que se distanciam de Porto Ferreira em direção ao Pontal. Esses dados indicam a presença de um

Tabela 14 – Tráfego de diversas mercadorias nas estações da via fluvial - 1890-1895* (Em toneladas)

Ano	1890 (1)			1891 (2)			1892 (3)			1894 (4)			1895 (5)		
Estação fluvial	Exp.	Imp.	Total	Exp.	Imp.	Total	Exp.	Imp.	Total	Exp.	Imp.	Total	Exp.	Imp.	Total
Porto Prainha	—	—	209	—	—	245	24	188	212	38	160	198	77	199	276
P. Amaral	—	—	222	—	—	356	60	253	313	36	423	459	173	482	655
P. Pulador (a)	—	—	148	—	—	20	0	0	0	0	0	0	0	0	0
P. C. Bueno	—	—	142	—	—	403	44	528	572	5	25	30	0	5	5
P. Jataí	—	—	338	—	—	244	11	311	322	113	349	462	18	473	491
P. Cedro	—	—	47	—	—	85	48	45	93	31	6	37	0	0	0
P. Guatapará	—	—	—	—	—	266	117	295	412	331	394	725	354	533	887
P. M. Prado	—	—	212	—	—	523	293	409	702	681	667	1348	813	940	1753
P. Pinheiros (b)	—	—	318	0	0	0	0	0	0	0	0	0	0	0	0
P.Jaboticabal / Barrinha (c)	—	—	1054	—	—	2102	138	2178	2316	141	109	250	12	80	92
P. Pitangueiras	—	—	348	—	—	388	337	536	873	148	506	654	270	588	858
P. Pontal	—	—	1479	—	—	1891	401	1517	1918	143	896	1039	269	1120	1389

Fonte: RCPVFF: (1) de 26.4.1891; (2) de 30.4.1892; (3) de 30.4.1893; (4) de 2.4.1895; (5) de 30.4.1896.

* Nota: Para as "diversas mercadorias", no período de 1883 a 1900, diante dos dados disponíveis só foi possível sistematizar esta série.

(a) Tráfego fluvial transferido para o Porto Cunha Bueno.

(b) Só operou até 1890.

(c) Porto Barrinha substituiu o Porto Jaboticabal.

mercado cuja demanda por produtos preenche os vazios dos transportes para o interior.

Esses fatos são fortes indicadores de que no abastecimento do mercado interno com outras mercadorias, como ocorreu com o sal, também a seção fluvial da Companhia Paulista cumpriu um importante papel.

A flexibilidade no atendimento das flutuações oriundas das oscilações sazonais de volumes de mercadorias de diferentes mercados produtores e consumidores foi um dos fatores que tornaram possível a eficiência da seção fluvial na geração de receitas complementares às da ferrovia para a Companhia Paulista.

Com a expansão dos ramais ferroviários da Paulista a partir de 1891, o que se observou foi uma queda no tráfego de alguns portos fluviais, em decorrência da captação de parte de seu tráfego pela ferrovia. É o caso da estação do porto de Barrinha, por onde circulava o tráfego da vila de Jaboticabal, que a partir de 1893, com a abertura da estação férrea naquela vila, teve o seu movimento bastante reduzido.

O mesmo fenômeno ocorreu com os portos de Cunha Bueno, e Cedro, que a partir da abertura da estação férrea de Santa Eudóxia, em 1893, perderam para essa o seu tráfego, até serem desativados em 1895.

Esse comportamento do tráfego fluvial, em relação à expansão dos ramais ferroviários da Paulista, é o sinal de que o processo de substituição da navegação fluvial pela ferrovia no atendimento desses mercados já estava em andamento, sua consecução era apenas uma questão de tempo.

O quadro que se apresenta para a economia cafeeira na década de 1890, caracterizado, como já vimos, por uma contínua expansão do volume de safras para a exportação, tem na sua base o deslocamento da frente pioneira, na ocupação dos afloramentos de terra roxa do planalto ocidental paulista.

Monbeig (1984, p.179) já observara esse avanço da frente pioneira que dera origem aos grandes centros produtores de café responsáveis pela superprodução de 1900-1905. As plantações de café ocuparam grandes extensões de terra roxa do planalto ocidental paulista, como a região de Ribeirão Preto e Araraquara, entre as quais serviam de marcos divisores o vale do rio Mogi-Guaçu, e ao norte o rio Pardo. Dos municípios citados por esse autor, eram tributários da via fluvial os da margem esquerda do rio Mogi-Guaçu, como Pitangueiras e Jaboticabal.

No ano de 1890, o chefe da Navegação, Freitas Reys, ao estudar as condições para a Paulista estender a via fluvial até o rio Grande, fez um interessante relato no qual evidenciava a posição da frente pioneira:

> Com efeito, sendo o principal produto agrícola do Vale do Mogi-Guaçu o café, convém lembrar que o Porto Jaboticabal é o limite da zona cafeeira. As terras de Jaboticabal para baixo não produzem café, nem é tentada essa cultura.
>
> Tive ocasião de verificar pessoalmente este fato em uma excursão que fiz a cavalo de Pontal a Uberaba, em maio do ano passado [1890]. A zona que atravessei é mais ou menos destinada à criação de gado e quase não aparecem terras cultivadas. O simples aspecto do terreno mostra bem que fica longe a rica zona cafeeira do estado. (RCPVFF, 26.4.1891, p.194)

Podemos constatar com o auxílio da Tabela 15 que, em 1890, de porto Prainha até porto Jaboticabal, quase todas as estações da via fluvial exportavam café. O que se observa no geral, pela disposição dos números apresentados pelas diferentes estações nos anos sucessivos, é que de 1890 a 1903 a exportação pela via fluvial se concentrava na região que ia de porto Prainha até o porto Martinho Prado.

Além de Porto Barrinha, acompanhando o curso do rio Mogi-Guaçu abaixo, em direção ao Pontal do rio Pardo, seguiam-se na ordem as estações da via fluvial de porto Pitangueiras e porto Pontal, que passaram e exportar café somente a partir do ano de 1896.

A produção de café no vale do Mogi-Guaçu, de 1890 a 1903, caracterizou-se por uma progressão contínua, ocupando toda a região. O fato de ela não haver permanecido totalmente tributária do tráfego da seção fluvial da Companhia Paulista nesse período, como veremos, decorreu do avanço das linhas férreas dessa empresa na região.

No Gráfico 8, a extensão do tráfego em quilômetros nas vias férreas e fluvial serve para estabelecermos a relação entre a expansão da ferrovia e a desativação da hidrovia, em conjunto com a análise dos dados do tráfego de mercadorias contidos na Tabela 16.

Tabela 15 – Tráfego de café pela via fluvial – 1890-1903 (toneladas de café)

ESTAÇÃO / ANO	Porto Prainha	Porto Amaral	Porto Pulador	Porto Cunha Bueno	Porto Jataí	Porto Cedro	Porto Guatapará	Porto Martinho Prado	Porto Pinheiros	Porto Jaboticabal	Porto Barrinha	Porto Pitangueiras	Porto Pontal	TOTAL
1890 (1)	591	945	625	922	776	828	0	156	323	103	0	0	0	5269
1891 (2)	638	1109	73	1099	811	1267	281	432	0	342	324	0	0	6376
1892 (2)	813	1165	0	928	1141	496	367	509	0	0	307	0	0	5726
1893 (3)	438	704	0	756	860	343	391	265	0	0	6	0	0	3757
1894 (3)	727	1277	0	22	907	1	947	408	0	0	0	0	0	4289
1895 (4)	327	1119	0	0	1057	0	1180	547	0	0	0	0	49	4279
1896 (5)	nd	nd	nd	nd	nd	nd	nd	nd	nd	nd	76	15	336	nd
1897 (5)	nd	nd	nd	nd	nd	nd	nd	nd	nd	nd	209	231	893	nd
1898 (6)	580	1480	0	0	0	0	2472	2050	0	0	303	424	729	8038
1899 (6)	485	1445	0	0	0	0	2758	3131	0	0	854	402	637	9713
1900 (7)	596	1440	0	0	141	0	2931	3695	0	0	918	650	104	10475
1901 (7)	236	1355	0	0	0	0	1998	2673	0	0	1254	1134	281	8931
1902 (8)	111	1577	0	0	0	0	0	0	0	0	727	497	412	3324
1903 (8)	0	42	0	0	0	0	0	0	0	0	27	0	0	69

nd: não disponível.

Fontes: Relatórios CPVFF: (1) n.42, de 26.4.1891; (2) n.44, de 30.4.1893; (3) n.47, de 30.4.1896; (4) n.48, de 30.6.1897; (5) n.50, de 30.6.1899; (6) n.51, de 30.6.1900; (7) n.53, de 30.6.1902; (8) n.55, de 30.6.1904.

Nota: Os valores da coluna TOTAL do tráfego de café da Tabela 15 correspondem ao da coluna "Tráfego de café (ton)" da Tabela 16. As diferenças apresentadas, quando para menos, na Tabela 15 em relação à Tabela 16, deve-se ao fato de que não está computado na primeira o volume de café importado para o mercado interno, em número bastante reduzido. Outras divergências entre os valores são decorrentes da imprecisão nos dados dos documentos elaborados nos diferentes anos pesquisados. No entanto, o caso desses dados, os valores discordantes apresentam uma margem de erro aceitável, que não chega a comprometer o sentido das flutuações.

Tabela 16 – Extensão do tráfego da CPVFF e tráfego de mercadorias na via fluvial – 1890-1903

ANO	EXTENSÃO DO TRÁFEGO (KM)		TRÁFEGO DE CAFÉ (TON)	TRÁFEGO DE DIVERSOS (TON)	TRÁFEGO TOTAL (TON)
	Via férrea	Via fluvial			
1890	250	200	5.271	4.704	9.975
1891	292	200	6.035	6.758	12.793
1892	667	200	5.726	7.967	13.693
1893	731	200	3.764	6.890	10.654
1894	776	200	4.291	5.435	9.726
1895	791	200	4.282	6.999	11.281
1896	791	200	7.204	7.221	14.425
1897	791	200	6.274	7.212	13.486
1898	791	200	8.274	7.640	15.914
1899	807	200	9.721	7.160	16.881
1900	807	200	10.476	6.568	17.044
1901	823	200	8.931	6.920	15.851
1902	864	200	3.324	6.150	9.474
1903	979	66	69	645	714
Total	—	—	83.642	88.269	171.911

Fonte: Relatórios da CPVFF: n.46, de 2.4.1895; n.56, de 30.6.1905.

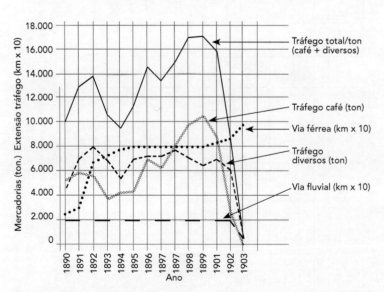

Gráfico 8 – Extensão do tráfego da CPVFF e tráfego de mercadorias na via fluvial – 1890-1903.

De 1890 até 1892, assistimos a um aumento no volume do tráfego total de mercadorias pela via fluvial. Esse aumento, em grande parte, deve-se ao tráfego de diversas mercadorias, que segundo a Diretoria da Paulista era o resultado positivo da política de redução de tarifas que esta vinha praticando (RCPVFF, 26.4.1891, p.183).

Quanto ao tráfego de café, constata-se uma sensível redução em seu volume. Segundo a empresa, ainda que a região do vale do Mogi-Guaçu estivesse em fase de plena prosperidade na produção de café, a via fluvial já começara a sentir os efeitos da concorrência das ferrovias. Em 1891, a companhia havia comprado o Ramal Férreo de Santa Rita, e no ano seguinte, a Rio Claro Railway & Company, dando sequência ao prolongamento dos ramais dessa pela margem esquerda do Mogi-Guaçu. Com a abertura das estações de Hammond e Guariba, nesse ramal, essas então passaram a captar parte do tráfego que antes procurava a via fluvial.

As estações de Cunha Bueno, Cedro e Barrinha, antes tributárias da via fluvial, passaram se servir da ferrovia, reduzindo assim a partir de então a participação dessas nas exportações de café pela via fluvial, como pode ser constatado na Tabela 15 (RCPVFF, 30.4.1893, p.1).

Como atesta Ana Luiza Martins (1995, p.14), a abertura da estação férrea de Guariba teve grande repercussão para o desenvolvimento daquela região:

> O ano era de 1892. Estava inaugurada a Estação de Guariba, origem da cidade, instalada entre pólos cafeicultores de expressão – Araraquara e Jaboticabal. Referência balizadora de uma região de prosperidade, configurou-se ali uma paragem com características de entreposto comercial. De lá chegavam facilmente às prósperas fazendas, de *troley* atingia-se vilas e cidades vizinhas, enfim, a partir da Estação de Guariba, concluía-se muito negócio.

A consequência inevitável da expansão da ferrovia vai ser a desativação das estações fluviais que atendiam àquela próspera região da frente pioneira, os portos de Cunha Bueno e Cedro, no ano de 1895.

Após 1892, observa-se a tendência a uma sensível redução tanto do tráfego de mercadorias em geral quanto do volume de exportações de café pela via fluvial.

156 HILÁRIO DOMINGUES NETO

Quanto ao café, as safras de 1893 e 1894, segundo relato da Paulista, foram extraordinariamente pequenas, sendo esse o motivo do declínio de seu tráfego na via fluvial (RCPVFF, 30.4.1896). Delfim Netto (1979, p.37) justifica essa redução como consequência de fenômenos climáticos adversos (seca e geada).

A diminuição que se assiste no tráfego de "diversos" foi em grande parte decorrente da abertura ao tráfego pela Paulista, no ano de 1893, das estações de Jaboticabal no ramal do Rio Claro, e de Santa Eudóxia no ramal de Água Vermelha, que passaram a captar o tráfego até então tributário da via fluvial (RCPVFF, 2.4.1895, p.81).

O ano de 1895 marca a recuperação pela Paulista das exportações de café proveniente de todo o seu tráfego, em relação a 1894. Naquele ano havia entrado em Santos 1.243.779 sacas de café, contra 369.790 no ano de 1894 (RCPVFF, 30.4.1896, p.35).

Esse aumento do despacho de café verificado no tráfego ferroviário também se manifestou na via fluvial durante o ano de 1895. Entre 1896 e 1897, ele apresentou uma discreta redução, em razão da concorrência que os ramais ferroviários de Araraquara a Jaboticabal e de Água Vermelha passaram a fazer à seção fluvial.

Após 1895, o que se observa, de um modo geral, é o aumento do tráfego total de mercadorias (café e diversos), com uma evolução sensível no transporte de *café* pela hidrovia após 1897, ultrapassando em volume ao movimento das *diversas mercadorias*.

Esse comportamento nas flutuações do volume de café a transportar pode ser atribuído à entrada em produção dos cafezais da frente pioneira que ainda não haviam sido alcançados pela ferrovia. Os sinais da expansão da cafeicultura nas regiões extremas ao Pontal do rio Pardo já se manifestavam na metade da década de 1890, pela grande quantidade de café que passaram a exportar as estações extremas do interior, ainda tributárias da via fluvial.

Assim, verificamos, a partir de 1895, a presença da exportação de café pelo porto de Pontal do rio Pardo, embora em pequeno volume, e no ano seguinte nos Portos de Barrinha e Pitangueiras, contribuindo juntos, em 1900, para o maior volume de tráfego de café até então exportado pela via fluvial (Tabela 15).

NAVEGANDO O MOGI-GUAÇU **157**

Esse aumento da produção cafeeira, agora localizado na região extrema da via fluvial, acarretou sérios problemas para a Companhia Paulista. A concentração do transporte das safras no segundo semestre e a presença de um volume cada vez maior de café a ser transportado por uma navegação limitada aos rigores de um rio como o Mogi-Guaçu foram elementos de peso na substituição da hidrovia pela ferrovia.

A navegação fluvial, como vimos, se apresentara em 1883 como a única opção viável para a Companhia Paulista fazer frente à concorrência das estradas de ferro do Rio Claro e Mogiana, limitada que estava por essas quanto à sua zona de ação. A partir do momento que incorporou a Rio Claro Railway, em 1892, viu-se livre para tentar com a ferrovia o que conseguira em parte com a hidrovia.

Assim, no processo de incorporação e expansão das ferrovias, a Companhia Paulista conjugou dois objetivos: de um lado, o de integrar diretamente ao seu tráfego ferroviário a frente pioneira em expansão no Oeste Paulista; e de outro, o que até certo ponto havia alcançado pela via fluvial, o de intensificar as relações mercantis com a atividade pecuária da região Centro-Oeste. Por meio da navegação fluvial esse segundo objetivo se viu bastante limitado, diante das dificuldades técnicas para o seu prolongamento além do rio Pardo.

A ideia do prolongamento da hidrovia a partir do Pontal do rio Pardo, em direção ao rio Grande, que estava nos projetos iniciais da Paulista, aos poucos foi sendo deixada de lado. Contribuíram para essa decisão dois fatores: o primeiro, já evidenciado quando das primeiras explorações das dificuldades impostas para a transposição da Cachoeira de São Bartolomeu, depois que o Mogi lança suas águas no rio Pardo, a cerca de 218 quilômetros de porto Ferreira (RPPSP, 1886, p.63-4); o segundo, enfatizado mais tarde pela diretoria da Paulista, era o de que, com a compra da Rio Claro Railway, em 1891, e diante das possibilidades em atingir com a ferrovia o Centro-Oeste por meio de Frutal, essa empresa não via, pelo menos naquela oportunidade, vantagens para continuar o prolongamento da hidrovia em direção ao rio Grande (RCPVFF, 30.4.1892, p.233-4).

A conquista daquele mercado pela Mogiana, com sua chegada a Uberaba em 1889, provocou a mudança nos planos da Paulista, que

158 HILÁRIO DOMINGUES NETO

após a incorporação da Rio Claro Railway se lançou em direção a esses objetivos por meio da ferrovia.

O prolongamento da estrada de ferro desta Companhia até Jaboticabal, uma das mais remotas povoações do extremo noroeste do estado de São Paulo, está naturalmente destinado a tornar esta localidade importante entreposto comercial para as relações entre este estado e a grande região sertaneja, formada pelo extremo ocidental de Minas, o sul de Goiás e o estado de Mato Grosso. (RCPVFF, 2.4.1895, p.8)

Nas memórias do engenheiro Adolpho Pinto, o mentor do projeto de expansão da Companhia Paulista na década de 1890, um novo motivo impulsionou ainda mais o interesse da Paulista na ampliação de sua rede ferroviária.

Concedera o governo da União, em 1892, o privilegio à Companhia Mogiana para a construção de uma estrada de ferro de Ressaca a Santos (Pinto, 1970, p.37), o que a livraria da condição de tributária da Paulista, de Campinas a Jundiaí. Diante dessa situação, a Paulista achou por bem "alargar o setor territorial tributário do sistema de transportes, fazendo com que as linhas de fronteira alcançassem a maior zona possível" (ibidem, p.38).

Animado dessas ideias, quando a Mogiana estava empenhada na tentativa de construir seu prolongamento para Santos, pus-me a estudar nos mapas geográficos de São Paulo, ainda então imperfeitos e sem muita exatidão, o que poderia a Paulista por sua vez tentar na zona confinante com a da Mogiana, a fim de captar, em suas nascentes, boa parte da corrente de tráfego que, na hipótese de vir a construir-se o prolongamento da Mogiana a Santos, não mais deixaria ela que se baldeassem em Campinas para a Paulista. (ibidem, p.39)

Nascia nessa estratégia da empresa o ramal que ligaria Rincão ao Pontal do rio Pardo, por concessão feita pelo governo no ano de 1896, que para Adolpho Pinto (1970, p.39) acabou substituindo com vantagem o serviço de navegação do Mogi-Guaçu.

Eis a gênese do ramal de Rincão a Pontal, que a Paulista se deu pressa em construir, tendo a linha parado ali, deixando de ser prolongada até o rio Grande, por ter em tempo a Mogiana desistido da construção de seu prolongamento a Santos, e não haver da parte da Paulista intenção de hostilizar essa Companhia, mas simplesmente o propósito de defender a integridade de seu tráfego, quando esteve sob a ameaça de ser prejudicada pela sua irrequieta vizinha. (ibidem, p.40)

O ramal férreo do Mogi-Guaçu previsto de início como um prolongamento do de Água Vermelha, após as discussões que permeavam a definição dos traçados das "ferrovias do café",[16] acabou tendo como ponto de partida a estação de Rincão, no ramal do rio Claro. Na verdade era uma "linha de combate" que a Paulista lançava contra a Mogiana, como lembrou Adolpho Pinto (1970, p.39):

> Este ramal substituiria com vantagem o serviço de navegação do Moji-Guaçu, que vinha a Paulista explorando em condições precárias, pois prestaria franco e seguro escoamento a boa parte dos municípios de São Simão, Ribeirão Preto e Sertãozinho, com a vantagem de ser prolongado até o rio Grande, acompanhando a Estrada da Mogiana a distância conveniente, fora de sua zona privilegiada, que é apenas de 20 quilômetros de Ribeirão Preto para diante.

No ano de 1899, eram aprovados pelo governo do estado de São Paulo os estudos definitivos da linha férrea projetada da estação do Rincão, pelo vale do Mogi-Guaçu, às proximidades do rio Pardo. Esse documento marcou o início da substituição pela ferrovia, da navegação fluvial a vapor que a Paulista vinha operando no Mogi-Guaçu há pouco mais de uma década:

> A Diretoria trata de dar pronto andamento á construção dessa linha como único meio capaz de atender convenientemente às necessidades da

---

16 Sobre os interesses que permearam a definição do traçado dessa linha, dois autores comentaram a respeito: 1) "Esta linha do Rincão teve em vista favorecer interesses de ricos proprietários e atacar a zona, já desenvolvida pela rede da Mogyana, até Sertãozinho" (Silva, 1904, p.538); 2) "Martinho Prado Jr. empreendeu, então, acalorada defesa da Paulista contra a Mogiana, em razão dos interesses que mantinha junto à primeira. Não é coincidência, portanto, que a Paulista tenha conseguido cruzar o Mogiguaçu justamente diante da fazenda Guatapará, de propriedade de sua família..." (Bacellar, 1999b, p.121).

160 HILÁRIO DOMINGUES NETO

importante região cafeeira á margem direita do Guaçu, para o transporte de cujos produtos se torna cada vez mais deficiente o serviço da via fluvial, o que tem motivado gerais reclamações dos interessados.

São incontestáveis os serviços prestados pela linha de navegação do Mogi-Guaçu que a Companhia, há anos, estabeleceu e tem mantido em tráfego, de Porto Ferreira ao Pontal. A ela deve-se o considerável incremento que tem tido a lavoura de café nas regiões ribeirinhas, em condições de exceder a expectativa mais otimista.

Para apreciar o fato em todo o seu alcance basta considerar que em 1886, funcionando já a linha em sua extensão total, transportou apenas 33.616 sacas de café, ao passo que em 1899 a quantidade carregada ascendeu a 162.016 sacas ou o quíntuplo daquele número. Além do notável crescimento geral da produção, outra circunstância que muito tem contribuído para dificultar o transporte fluvial é o desenvolvimento do tráfego oriundo das procedências mais remotas. Assim é que as três ultimas estações, Barrinha, Pitangueiras e Pontal, que há alguns anos não despachavam uma só saca de café, têm tido, de 1896 para cá, o seguinte movimento:

ESTAÇÕES	SACAS DESPACHADAS			
	1896	1897	1898	1899
Barrinha	1.272	3.486	5.052	14.227
Pitangueiras	255	3.855	7.069	6.701
Pontal	5.592	14.879	12.147	10.610
Total	7.119	22.220	24.268	31.538

Obrigadas assim as lanchas a maiores percursos, adstritas a trazer uma carga muito reduzida, porque infelizmente a quadra de maior atividade da exportação coincide com a de menor altura da água, que desce às vezes a meio metro, e gastando em cada viagem redonda cerca de vinte dias, bem se pode avaliar em quão precárias condições é feita a exportação do café pela via fluvial, em peso que já se aproxima de 200.000 sacas ou 800.000 arrobas.

Ora, acentuando-se de dia para dia o desenvolvimento da produção nos distritos novos, sobretudo de Guatapará para baixo, é evidente que só a construção da linha férrea projetada poderá satisfazer cabalmente as exigências presentes e futuras de tão importante zona, e amparar com eficácia os interesses da Companhia.

Também tenciona a Diretoria ainda este ano mandar fazer os estudos necessários para o prolongamento da estrada de Jaboticabal a Bebe-

NAVEGANDO O MOGI-GUAÇU 161

douro, e iniciar a construção das obras no prazo mais breve possível, satisfazendo assim aos instantes e justos desejos dos habitantes do novo e florescente município.

Executando-se esse prolongamento em condições de servir vantajosamente a zona da margem esquerda do Guaçu, que exporta pelas estações extremas da via fluvial, e, de outro lado, ficando os interesses da importante região cafeeira à margem direita do rio perfeitamente atendidos com a construção do ramal derivado da estação de Rincão, é obvio que sem nenhum prejuízo, quer para o publico, quer para a Companhia, se poderá então suspender o serviço da navegação fluvial de Porto Amaral para baixo, na extensão de 170 quilômetros que medeia entre Porto Amaral e Porto Ferreira. (RCPVFF, 30.6.1900, p.26-8)

Com o ramal do Mogi-Guaçu no Oeste Paulista, repetia-se em circunstâncias semelhantes os motivos que deram origem à primeira ferrovia no mundo, a Liverpool-Manchester, na primeira metade do século XIX.

Na Inglaterra, o aumento da produção gerado pela automação da indústria têxtil e do carvão a transportar das minas em expansão ampliava o comércio de exportação, ao mesmo tempo em que a importação de insumos para a indústria e de bens para o abastecimento da população também crescia. Conjugados esses fatores, o aumento do volume de mercadorias a transportar encontrava nos sistemas de transportes de canais grandes obstáculos à sua livre circulação (Silva, 1904, p.14).

O relatório da comissão da Companhia da Estrada de Ferro de Liverpool a Manchester justificava a substituição dos canais pela ferrovia, por essa oferecer ao comércio um meio de comunicação mais econômico e mais rápido (ibidem, p.803-4).

Como na Liverpool-Manchester ocorrera na industrialização, na "Matão-Pontal" repetia-se um fenômeno semelhante. Nessa, urgia substituir pela ferrovia uma navegação fluvial que, no estágio de desenvolvimento em que a produção cafeeira se encontrava, não atendia às necessidades do crescente volume de café a transportar.

Ao avançarem sobre o vale do Mogi-Guaçu, as linhas da Paulista iam descortinando um quadro que o tempo já havia traçado na história, uma história de um mundo de mercadorias que, visto dessa perspectiva, como diria Braudel (1995, p.384), fica difícil de se identificar no tempo.

162 HILÁRIO DOMINGUES NETO

De Pitangueiras em diante,... o traçado muda de direção para procurar uma zona cafeeira largamente produtora, qual é a do município de Sertãozinho.

Todas as fazendas de um lado e outro do rio e que ficam tributárias do novo ramal, para fazerem expedição de seus cafés serviam-se umas da via fluvial e outras continuavam a servir-se em parte, até que fique concluída a linha em toda a sua extensão. Mas o serviço da via fluvial não satisfazia, nem pode satisfazer pelas razões conhecidas, em prazo conveniente, ás necessidades da exportação.

Assim, sem ofender direitos adquiridos por terceiros com privilégio de zona, a construção do ramal de Mogi-Guaçu, soube atender á conveniência, á necessidade mesmo de uma região agrícola das mais importantes, dotando-a de um meio fácil e rápido de transportes, que será ao mesmo tempo grande propulsor de seu desenvolvimento e prosperidade, como também um elemento poderoso da civilização e do progresso daqueles longínquos municípios. (RCPVFF, 30.6.1901, p.163)

O café, para atender ao mercado de exportação, dependia do cumprimento de prazos para ser embarcado em Santos; assim, somente a ferrovia naquele momento poderia transportar em menor tempo a crescente produção das distantes unidades produtoras do Oeste Paulista.

Nesse ponto vale lembrar Braudel (1996, p.313), ao relativizar a concepção de que o transporte fluvial era o de menor preço:

Muito se tem louvado a água doce que leva barcaças, bateiras, barcos ou jangadas, ou troncos de árvores mediante flutuação, a água doce e seus transportes fáceis e a preço baixo. Ora, trata-se de verdades circunscritas, limitadas. Defeito mais frequente do transporte fluvial: a lentidão.

A demanda por transportes apresenta uma alta heterogeneidade, e os serviços disponíveis, embora similares, apresentam de acordo com particulares circunstâncias qualidades diferentes, o que conduz à necessidade de optar-se por um ou outro tipo de transporte (Cipollari, 1968, p.3).

A empresa de transportes, por sua vez, deve procurar oferecer ao usuário o tipo e as condições de transportes que atendam tais demandas, sob o risco de, não o fazendo, perder o tráfego que lhe estaria destinado para suas concorrentes.

Se considerarmos no caso da economia cafeeira a hipótese de que o o cafeicultor do Oeste Paulista, usuário desses transportes, para maximizar o seu lucro deveria procurar o meio de transporte de menor custo para conduzir seu café para Santos, a sua opção certamente cairia sobre aquele que o atendesse nesse sentido. Para esse, a avaliação desse custo passaria por dois componentes, um monetário, dado pela tarifa que ele teria que pagar pelo serviço, e outro qualitativo, incluindo uma série de facilidades oferecidas pelo serviço (ibidem):

> Tais facilidades podem ser englobadas sob vários títulos: a acessibilidade ao meio de transporte, a frequência do serviço, a continuidade na prestação do mesmo, a segurança e, finalmente, a mais importante: a rapidez.

Quanto ao primeiro componente, as tarifas, como vimos, as empresas tinham uma relativa flexibilidade em alterar seus valores para tentar barrar a ação concorrencial, dentro de certos limites. Quanto aos demais componentes do custo desse transporte para o cafeicultor, neles residiam os motivos pelos quais a Companhia Paulista, prevendo a incapacidade da navegação fluvial em atendê-los, optou por substituí-lo, oferecendo outro tipo de transporte a tais demandas, o ferroviário.

Por sua vez, a emergência de uma economia de escala e de um mercado cada vez mais amplo obrigaram as empresas a implementarem novas tecnologias, necessárias à ampliação da capacidade de volume e à redução do tempo a transportar, fatores de produção essenciais à sua participação de forma concorrencial nesse mercado.

Todos esses fatos até aqui analisados apontam para uma realidade, a da substituição da hidrovia pela ferrovia como uma decisão oportuna pela Companhia Paulista, visando eliminar o ponto de estrangulamento no qual passava a se constituir o transporte fluvial. Esse agora, ao retardar o fluxo do tráfego de seu principal produto, o café, punha em risco a possibilidade de ampliar as demandas por seu tráfego e a rentabilidade de seu negócio.

Em dezembro de 1900, fechava-se ao tráfego o porto de Jataí, e no mesmo mês do ano seguinte, os trilhos da seção do Mogi-Guaçu alcançavam os portos de Guatapará e Martinho Prado, que então eram desativados.

As vias férreas e fluviais do ponto de vista econômico

Analisando a "seção férrea" e a "seção fluvial" quanto aos ganhos em rentabilidade para a empresa, pelo "coeficiente de tráfego", indicador econômico empregado pelas empresas ferroviárias para avaliarem a sua eficiência operacional (Saes, 1981, p.145), pudemos chegar a algumas conclusões importantes. Comparando a seção Fluvial com a seção do Rio Claro, essa incorporando na época a maior parte dos ramais ferroviários em expansão através do vale do Mogi-Guaçu e considerando o espaço compreendido entre os anos 1895 e 1900, quando a capacidade instalada da ferrovia e da hidrovia permaneceu praticamente constante, pudemos avaliar os resultados obtidos por cada um desses segmentos de transportes em relação a receitas e despesas.

No ano de 1900, que marcou o início de expansão da rede ferroviária da Paulista, ocorreu a chamada de capitais pela sua diretoria, com a finalidade de aumentar o capital social da empresa e fazer frente a esse processo de expansão (CPVFF, 10.12.1900).

Na exposição de motivos (RCPVFF, 10.12.1900, p.7) do ponto de vista econômico, destacavam os diretores da empresa que em 1890 a via fluvial estava operando com uma despesa anual de custeio de mais de trezentos contos de réis, e que com a sua substituição pela ferrovia a Companhia Paulista a reduziria à metade.

No estudo das flutuações das receitas obtidas com o tráfego de mercadorias, que como vimos correspondia a cerca de 90% de todo o tráfego da via fluvial, procuramos elementos que pudessem ser considerados relevantes entre as causas da desativação da navegação.

Saes já observara em seus estudos que, no saldo das receitas sobre as despesas das operações de tráfego, residia a principal fonte de renda das ferrovias. Partindo desse pressuposto, comparando essa relação entre a ferrovia e a hidrovia, pudemos avaliar qual desses transportes estava propiciando maior rentabilidade para a empresa.

A Tabela 17 apresenta os dados relativos a receita, despesa, saldo e déficit do tráfego da seção do Rio Claro e seção fluvial e expressa seus índices de rentabilidade (RCPVFF, 30.6.1904, p.59).

Cabe lembrar que o déficit que a seção fluvial apresentou no ano de 1895 foi em decorrência de modificações feitas no sistema de escrituração contábil da empresa, no ano de 1890.

Os números do coeficiente de tráfego transmitem numa relação porcentual o grau de rentabilidade de cada seção, considerando-se que, *quanto mais altos* esses valores, corresponde uma *baixa rentabilidade*, e *quanto mais baixo*, o inverso, ou seja, *uma alta rentabilidade*.

A simples comparação entre os valores numéricos apresentados pelos coeficientes de tráfego das duas seções já nos indica uma rentabilidade bastante superior da ferrovia em relação à hidrovia.

Tabela 17 – Índice de rentabilidade da seção férrea do Rio Claro e seção fluvial – 1895-1900

ANO	SEÇÃO DO RIO CLARO (FERROVIA)				
	Receita	Despesa	Saldo (+)	Déficit (–)	Ct %
1895	5.358:959$580	2.170:176$887	3.188:782$703	—	40
1896	6.143:846$646	2.957:947$870	3.185:898$776	—	48
1897	7.295:013$070	3.300:148$538	3.994:864$532	—	45
1898	6.627:557$900	3.233:000$004	3.394:557$896	—	49
1899	6.938:672$410	3.017:371$851	3.891:297$559	—	44
1900	7.150:840$160	3.123:028$160	4.027:811$732	—	44

ANO	SEÇÃO FLUVIAL (HIDROVIA)				
	Receita	Despesa	Saldo (+)	Déficit (–)	Ct %
1895	228:898$000	247:880$003	—	18:92$562	108
1896	338:897$560	272:961$392	65:936$168	—	80
1897	314:703$590	277:043$035	37:660$555	—	88
1898	338:806$800	310:294$590	28:512$260	—	92
1899	368:518$580	318:025$570	50:493$010	—	86
1900	379:770$940	322:491$879	57:279$061	—	85

Fonte: RCPVFF n.55 (30.6.1904, p.59).
Nota: (1) No ano de 1890 a diretoria da CPVFF modificou o sistema de escrituração contábil, tendo provocado déficits que se estenderam até o ano de 1895.

(2) Coeficiente de Tráfego (Ct) = $\dfrac{\text{DESPESA} \times 100}{\text{RECEITA}}$

Valor do índice (Ct) baixo: indica alta rentabilidade.
Valor do índice (Ct) alto: indica baixa rentabilidade.
Ver a respeito: Saes (1981, p.145-7).

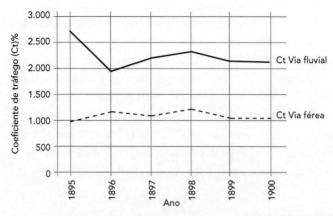

Gráfico 9 – Rentabilidade da seção férrea do Rio Claro e seção Fluvial – 1895-1900.

No Gráfico 9, constatamos que a curva que representa a rentabilidade da ferrovia desenvolve-se com uma frequência relativamente constante, a um nível próximo a 40%, o que indica uma alta rentabilidade em relação à da hidrovia, que alcança valores próximos a 80%. Esse comportamento caracterizado por um elevado coeficiente de rentabilidade da ferrovia sobre a hidrovia justifica a opção da empresa pela substituição, por meio da ferrovia, de uma seção fluvial que não mais atendia aos interesses de seus acionistas.

Construída que seja a linha férrea pela margem direita do Mogi-Guaçu, e prolongada a estrada de Jaboticabal a Bebedouro, ficará o Vale do Guaçu convenientemente servido de mais rápido, seguro e eficaz meio de transporte, tornando-se por isso dispensável o serviço da navegação, não só na parte baixa, correspondente às novas vias férreas, como mesmo no trecho de Guatapará a Porto Ferreira.

Realmente as zonas marginais deste trecho podem considerar-se regularmente servidas pela linha de Descalvado e ramal de Água Vermelha de um lado, e pelo ramal de Santa Rita de outro lado, porquanto, depois de inaugurados estes ramais, diminuiu sensivelmente o tráfego nesse trecho do rio, tendo mesmo determinado o fechamento dos Portos Pulador, Cunha Bueno e Cedro, achando-se atualmente em serviço, quanto á exportação de café, só os Portos Prainha e Amaral, por onde apenas

NAVEGANDO O MOGI-GUAÇU 167

transitam os produtos de algumas fazendas dos municípios de Santa Rita, Belém do Descalvado e Porto Ferreira.

Assim reduzido o serviço da navegação fluvial, realmente não valerá a pena continuar a Companhia a explorá-lo por sua conta... (CPVFF, 10.12.1900, p.8-9 – exposição)

Justificava-se dessa forma a iniciativa da Companhia Paulista na expansão de sua malha ferroviária na década de 1890. Comprova-se, assim, nossa hipótese: a navegação fluvial da Paulista no Mogi-Guaçu foi desativada em razão da concorrência da via férrea que ela própria estendeu ao longo do vale daquele rio: "Com a inauguração do tráfego do ramal férreo que parte da estação do Rincão e se desenvolve pela margem direita do rio Mogi-Guaçu, tornou-se dispensável o serviço de navegação ali mantido" (RCPVFF, 30.6.1900, p.26).

Outro fator que deve ser considerado para explicar as razões da desativação da navegação fluvial da Paulista foi o da superioridade da capacidade instalada da ferrovia em relação à da hidrovia.

Enquanto a seção fluvial mantinha sua frota limitada a 52 lanchas para o transporte de mercadorias, a ferrovia, com a expansão de seus ramais, ampliava em escala a sua capacidade de transporte.

Tabela 18 - Tráfego de mercadorias* na Seção Férrea do Rio Claro e na Seção Fluvial - 1892 - 1901 (em toneladas)

ANO	SEÇÃO DO RIO CLARO (1)	SEÇÃO FLUVIAL (2)	TOTAL
1892	69.716	13.693	83.409
1893	81.889	10.654	92.543
1894	112.695	9.726	122.421
1895	137.870	11.281	149.151
1896	159.937	14.425	174.362
1897	178.183	13.486	191.669
1898	164.129	15.914	180.043
1899	174.185	16.881	191.066
1900	191.724	17.034	208.758
1901	273.625	15.851	289.476

* Mercadorias = café + "diversos" (importação e exportação)
Fonte: (1) RCPVFF, 30/06/1902, p. 36.
　　　 (2) Tabela 16.

Pelo Gráfico 10, que expressa as tendências dos dados contidos na Tabela 18, podemos comparar a evolução do tráfego de mercadorias entre a seção férrea do Rio Claro[17] e a seção fluvial.

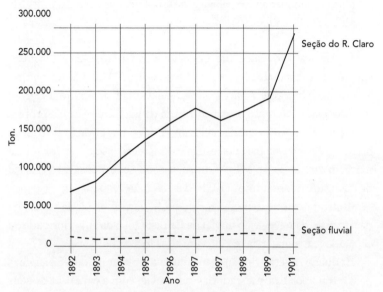

Gráfico 10 – Tráfego de mercadorias na seção férrea do rio Claro e na seção fluvial (1892-1901).[18]

A via fluvial, ainda que sofrendo a concorrência da ferrovia, manteve até 1901 uma flutuação estável no volume de seu tráfego de mercadorias, o que prova ter essa seção da empresa operado com sua capacidade plena, embora quanto à rentabilidade estivesse em desvantagem em relação à ferrovia.

Diante de tal constatação, a única explicação plausível para justificar a sua desativação é a de que o aumento da produção cafeeira no Oeste Paulista se processou dentro de uma economia de escala, na qual os custos unitários de produção com a expansão da capacidade instalada da ferrovia se reduziam substancialmente (Seldon & Pennance, 1983, p.175).

---

17 Cabe lembrar que a seção do rio Claro pertencia à CPVFF e se estendia ao longo do vale do Mogi-Guaçu.
18 RCPVFF (30.6.1902, p.36 e Tabela 18); Mercadorias = café + diversos (importação e exportação).

Assim, enquanto o aumento do volume de mercadorias a transportar pela ferrovia concorria para a redução de seu custeio, na hidrovia o fenômeno era inverso. A uma maior distância e maior volume a transportar, coincidindo com um período de estiagem que restringia a livre navegação, incorrendo num maior tempo para o transporte, corresponderia um maior custeio. Aqui reside o motivo de sua baixa rentabilidade, não havia, pois, como a Paulista manter a hidrovia operando.

Podemos concluir, pois, que a navegação fluvial da Companhia Paulista de Vias Férreas e Fluviais, nascida dentro de uma estratégia concorrencial frente a outras empresas ferroviárias que se expandiam pelo vale do Mogi-Guaçu, mais tarde acabou desativada por ação da concorrência imposta pelo tráfego de sua via férrea em expansão na mesma região.

Conclusão

Ao questionarmos os motivos que levaram a Companhia Paulista a optar pela extensão de sua malha viária por meio da navegação fluvial, percebemos que essa era a única opção que lhe restava naquele momento, inserida que estava no processo de constituição de uma economia capitalista envolta em uma acirrada concorrência com outras empresas ferroviárias.

No contato com as fontes, os interesses que moviam os agentes da Paulista começaram a ficar mais claros. Além das atenções à agroexportação cafeeira, cuja produção se estendia pelo vale do Mogi-Guaçu rumo ao interior, outros se agregavam, voltados para uma economia de abastecimento interno, com base na agricultura e na pecuária.

Esse empreendimento em transportes mobilizou o capital privado captado entre seus acionistas, fazendeiros, industriais, comerciantes e outros "homens de negócios" ligados à economia cafeeira ou, resumindo numa única pessoa, o cafeicultor paulista que incorporava a um só tempo essas múltiplas funções (Kerbauy, 1979, p.39-41).

O Estado, ainda que entendendo a via fluvial como um meio de comunicação fundamental para promover ampla integração territorial, diante da falta de recursos materiais, limitou-se à elaboração de amplos projetos de viação que não chegaram a ser implementados. No mais, regulamentava e fiscalizava a execução de projetos fluviais pela iniciativa privada, muitos dos quais não foram bem sucedidos.

172 HILÁRIO DOMINGUES NETO

A adoção na navegação do Mogi-Guaçu de uma tecnologia importada de países estrangeiros suscitou uma análise no sentido de verificar se não dispúnhamos no Brasil dos recursos tecnológicos que viabilizassem tal empreendimento.

No tocante à tecnologia naval, embora se tivesse incentivado a formação de uma indústria naval nacional, em razão de nossa tradição marítima mercantil, essa sobreviveu a duras penas, diante de uma legislação aduaneira que, privilegiando a entrada de equipamentos importados, inviabilizou empreendimentos como o do Porto de Areia.

Estaleiros mantidos pelo governo, como o Arsenal de Marinha da Corte, entre outros, estiveram voltados para o apoio logístico de nossa Marinha de Guerra, não desenvolvendo iniciativas em atenção à navegação mercantil.

Conjugados esse fatores, pudemos entender o motivo da Companhia Paulista haver procurado o suprimento de sua frota com vapores e barcaças importados da Inglaterra.

A mão de obra especializada em engenharia naval foi constituída por engenheiros civis da própria ferrovia, formados por nossas escolas já dotadas de conhecimentos das técnicas da engenharia hidráulica. Essa passou a fazer parte dos currículos em razão da necessidade de modernização de nossos portos, então incipientes, para dar conta do movimento da navegação costeira e internacional que dia a dia se intensificava.

Não foi possível definir, no estudo, os mecanismos de contratação da mão de obra não especializada, empregada na instalação da via fluvial, especialmente o contingente de trabalhadores para as obras do rio. O que se pode constatar, no entanto, é que esse ficava condicionada a motivações na esfera salarial, pois as condições a que se expunham, de total insegurança e de sujeição a constantes doenças provocaram por vários momentos, a sua escassez, com consequentes atrasos nas obras programadas.

Pode-se até sugerir, neste ponto, que a falta de informações sobre os contratos de trabalho, notadamente nos estratos mais baixos da classe trabalhadora, sejam consequência de uma sociedade que ainda estava transitando para as relações de produção assalariadas, nas quais as empresas de transporte foram pioneiras. Dessa forma, os contratos e o controle da mão de obra ainda deviam se estabelecer de forma bastante consuetudinária.

O que chamou a atenção, no entanto, é que movimentos contestatórios ocorridos com os trabalhadores do rio, com demandas por maior segurança no trabalho, foram resolvidos com o estímulo de melhor remuneração, o que atestou a importância que tinha para o empreendimento em se manter essa força de trabalho arregimentada e operando efetivamente na instalação da hidrovia.

Quanto ao sistema tecnológico fluvial empregado, a ele se deve em grande parte o funcionamento da seção fluvial praticamente sem interrupção, fato que não era comum em rios com as características do Mogi-Guaçu. O sistema de canais, os diques de represamento e o emprego de correntes e mecanismos para a tração das embarcações nas corredeiras foram decisivos para que a navegação não fosse interrompida, mesmo durante os períodos mais críticos de estiagem.

A escolha do material flutuante adequado e a montagem desses no estaleiro de Porto Ferreira muito contribuíram para a assimilação e emprego de novas tecnologias navais em nível local. Esse fato refletiu na grande capacidade de recuperação de eventuais avarias nos equipamentos fluviais da empresa. Não constatamos nos registros perdas por naufrágios, de embarcações que não tenham sido resgatadas.

Com relação à segurança do trabalho, no entanto, infelizmente não se pode dizer o mesmo, uma vez que constatamos a ocorrência de alguns acidentes fatais, envolvendo o pessoal empregado na hidrovia.

Operacionalmente, podemos afirmar que a empresa mantinha-se dentro de padrões que, para a época, refletiam uma condição plena à demanda de um tráfego relativamente regular, quadro que sofreu alterações a partir do ano de 1896, quando por reflexo do contínuo avanço da frente pioneira aumentou em grande escala o volume de café à transportar

Diante da observação da transposição da frente pioneira pela navegação, questionamos o que pretendia a Paulista, ao ter se desvinculado do tráfego do café a partir daquele ponto para o interior.

Numa análise mais detida, presenciamos o interesse por outros mercados, movidos pela frente de expansão da pecuária, a partir das

174 HILÁRIO DOMINGUES NETO

províncias vizinhas de Minas Gerais, Goiás e Mato Grosso. Essa atividade já havia se instalado antecedendo a frente pioneira; caberia, pois, à seção fluvial da Paulista a sua integração à economia do Oeste Paulista. Nesse ponto destacou-se a importância do sal, produto de grande demanda pela pecuária da frente de expansão. Foi possível constatar a prática do monopólio de seu comércio pela Companhia Paulista por meio da via fluvial, ainda que por curto tempo.

Para a conquista desses mercados a empresa articulou estratégias concorrenciais, atuando especialmente com uma política de fretes, que embora limitada, visava estimular a diversificação do transporte de outras mercadorias, além do café. Procurava dessa forma preencher com "diversas mercadorias" os vazios do tráfego de café nos períodos da entressafra e no sentido do interior aumentar as importações.

Ao estimular o transporte de "diversas mercadorias", a seção fluvial também o fez para o desenvolvimento das forças produtivas regionais, direcionadas para as atenções do mercado interno.

Na análise do tráfego de mercadorias, constatamos a ocorrência de uma resposta positiva a essas estratégias, pois as "mercadorias diversas", formadas por itens que atenderiam em grande parte a esse mercado interno, apresentaram uma circulação expressiva em volume, se comparado ao do café.

Contribuiu ainda para essa diversificação a implantação da própria navegação fluvial, que ao romper o isolamento das fazendas da frente pioneira fez que essas abandonassem a condição de autossuficiência para dedicarem maior atenção ao café, passando a demandar gêneros de outros mercados. Cabe lembrar que o colono imigrante, ao produzir um excedente para a comercialização, também criou uma oferta de "mercadorias diversas" para o tráfego da via fluvial.

Evidenciamos, dessa forma, a presença de um mercado interno bastante diversificado gravitando em torno da economia agroexportadora, cujos produtos marcaram uma presença importante no tráfego da seção fluvial. Ao terem apresentado um volume de tráfego em média superior ao do café, não há como contestar essa afirmação.

Ligado à ampliação desses mercados estaria o povoamento. Ainda que a empresa considerasse secundário o tráfego de viajantes, as

NAVEGANDO O MOGI-GUAÇU 175

flutuações da via fluvial a apontaram como importante meio para o povoamento da região ribeirinha.

Embora a seção fluvial fosse um segmento importante para o aumento das receitas da Companhia, partimos em busca dos motivos de sua desativação, e observamos uma interrelação de fatores, todos decorrentes da expansão da produção cafeeira no vale do Mogi-Guaçu.

A Companhia Paulista partiu para uma política de expansão de seus ramais ferroviários, e, após adquirir entre 1891 e 1892 as ferrovias que lhe barravam a oportunidade de seguir com seus trilhos adiante de Porto Ferreira, o Ramal Férreo de Santa Rita e o da Rio Claro Railway, passou a captar com esses parte do tráfego antes tributário da via fluvial, dando início à desativação progressiva da seção fluvial.

A Mogiana, ao perceber o avanço da ferrovia da Paulista para o interior, foi em busca e conseguiu, em 1892, a concessão, pelo governo, do privilégio para levar suas linhas da estação de Ressaca a Santos, o que a livraria da condição de tributária da Paulista, de Campinas a Jundiaí, ramal que, no entanto, ficou no projeto.

Esse fato acelerou os planos de expansão da Companhia Paulista que, tentando neutralizar uma futura perda de receitas de sua tributária, conseguiu a concessão para expandir seus ramais de Rincão para o interior. Em seguida, partiu daquela localidade pela margem esquerda do Mogi-Guaçu, atravessando-o na altura de Porto Guatapará. Continuou o prolongamento da ferrovia pela margem direita do vale, e seguindo a Mogiana nos limites de sua zona de privilégio, alcançou em 1903 o Pontal do rio Pardo, onde se localizava a estação extrema da via fluvial.

Ao envolver completamente a via fluvial, a ferrovia captou em melhores condições todo o seu tráfego, não restando à Companhia Paulista outra opção a não ser desativar o restante da navegação fluvial.

Com os ramais ferroviários que se expandiam pelo vale do Mogi-Guaçu, concorria a Paulista com o tráfego de sua própria via fluvial. O aumento progressivo do volume de café a transportar na hidrovia, aliado ao aumento da distância a percorrer com a contínua interiorização da frente pioneira, era então incompatível com as condições que passava a apresentar a navegação fluvial. Sua capacidade instalada não respondia mais, com eficiência, às necessidades de transportes da Companhia Paulista.

Comprovada do ponto de vista empírico a hipótese da substituição da hidrovia pela concorrência da ferrovia, partimos para a sua sustentação mediante um recurso utilizado por essas empresas para avaliarem sua rentabilidade, o "coeficiente de tráfego". Comparando a rentabilidade da seção fluvial com a da seção férrea do rio Claro, que condensava as principais linhas férreas do vale do Mogi-Guaçu, constatamos que a via fluvial vinha apresentando índices bem inferiores aos da ferrovia para a Companhia Paulista, e portanto era mais um motivo para justificar a sua desativação.

Pela comparação entre o volume do tráfego da via férrea e o da fluvial, em relação à capacidade instalada dessas, nos anos que precederam à desativação da via fluvial, constatamos que a capacidade instalada da hidrovia não podia competir com a da ferrovia, em relação à economia de escala que caracterizava a expansão das ferrovias naquela região.

Certamente, ao navegar pelas páginas desta obra, o leitor poderá testemunhar a dimensão que representou o mercado interno regional no momento em que a economia agroexportadora cafeeira assumia a hegemonia econômica em São Paulo.

Figura 22 Logotipo da capa do Relatório da Assembleia dos Acionistas da Companhia Paulista de Vias Férreas e Fluviais, do ano de 1892. São Paulo: Tipografia da Companhia Industrial de São Paulo, 1892.

Referências bibliográficas

Fontes

Relatórios das Companhias de Estradas de Ferro e Fluviais – Arquivo do Museu da Companhia Paulista

Relatório da Diretoria da Companhia Paulista de Estradas de Ferro do Oeste da Província, para a sessão de Assembleia Geral de 1 de setembro de 1876. São Paulo: Tip. Correio Paulistano, 1876.

Relatório da Diretoria da Companhia Paulista de Estradas de Ferro do Oeste da Província, para a sessão de Assembleia Geral de 29 de agosto de 1880. São Paulo: Tip. do Correio Paulistano, 1880.

Relatório da Diretoria da Companhia Paulista de Estradas de Ferro do Oeste da Província, para a sessão de Assembleia Geral de 27 de fevereiro de 1881. São Paulo: Tip. do Correio Paulistano, 1881.

Relatório da Diretoria da Companhia Paulista de Estradas de Ferro do Oeste da Província, para a sessão de Assembleia Geral de 29 de agosto de 1881. São Paulo: Tip. do Correio Paulistano, 1881.

Relatório da Diretoria da Companhia Paulista de Estradas de Ferro do Oeste da Província, para a sessão de Assembleia Geral de 25 de fevereiro de 1883, São Paulo: Tip. do Correio Paulistano, 1883.

Relatório da Diretoria da Companhia Paulista de Estradas de Ferro do Oeste da Província, para a sessão de Assembleia Geral de 11 de agosto de 1883. São Paulo: Tip. Correio Paulistano, 1883.

Relatório da Diretoria da Companhia Paulista de Vias Férreas e Fluviais, para a sessão de Assembleia Geral de 30 de março de 1884. São Paulo: Tip. Correio Paulistano, 1884. (MCP)

Relatório da Diretoria da Companhia Paulista de Vias Férreas e Fluviais, para a sessão de Assembleia Geral de 28 de setembro de 1884. São Paulo: Tip. Correio Paulistano, 1884.

Relatório da Diretoria da Companhia Paulista de Vias Férreas e Fluviais, para a sessão de Assembleia Geral de 05 de abril de 1885. São Paulo: Tip. Correio Paulistano, 1884.

Relatório da Diretoria da Companhia Paulista de Vias Férreas e Fluviais, para a sessão de Assembleia Geral de 27 de setembro de 1885. São Paulo: Tip. a vapor de Jorge Seckler & C.,1885.

Relatório n.33 da Diretoria da Companhia Paulista de Vias Férreas e Fluviais, para a sessão de Assembleia Geral de 04 de abril de 1886. São Paulo: Tip. a vapor de Jorge Seckler & C.,1886.

Relatório n.34 da Diretoria da Companhia Paulista de Vias Férreas e Fluviais, para a sessão de Assembleia Geral de 10 de outubro de 1886. São Paulo: Tip. a vapor de Jorge Seckler & C.,1886.

Relatório n.35 da Diretoria da Companhia Paulista de Vias Férreas e Fluviais, para a sessão de Assembleia Geral de 25 de março de 1887. São Paulo: Tip. a vapor de Jorge Seckler & C., 1887.

Relatório n.36 da Diretoria da Companhia Paulista de Vias Férreas e Fluviais, para a sessão de Assembleia Geral de 25 de setembro de 1887. São Paulo: Tip. a vapor de Jorge Seckler & C., 1887.

Relatório n.37 da Diretoria da Companhia Paulista de Vias Férreas e Fluviais, para a sessão de Assembleia Geral de 1º de abril de 1888. São Paulo: Tip. a vapor de Jorge Seckler & C., 1888.

Relatório n.38 da Diretoria da Companhia Paulista de Vias Férreas e Fluviais, para a sessão de Assembleia Geral de 30 de setembro de 1888. São Paulo: Tip. a vapor de Jorge Seckler & Comp, 1888.

Relatório da Diretoria da Companhia Mogiana de Estradas de Ferro e Navegação, para a sessão de Assembleia Geral de 7 de abril de 1889. São Paulo: Tip. a vapor de Jorge Seckler & C., 1889.

Relatório da Diretoria da Companhia Mogiana de Estradas de Ferro e Navegação, para a sessão de Assembleia Geral de 14 de outubro de 1890. São Paulo: Typ. a vapor de Jorge Seckler & Comp, 1889.

Relatório n.41 da Diretoria da Companhia Paulista de Vias Férreas e Fluviais, para a sessão de Assembleia Geral de 13 de abril de 1890. São Paulo: Tip. a

NAVEGANDO O MOGI-GUAÇU 179

vapor de Jorge Seckler & C., 1890.

Relatório n.42 da Diretoria da Companhia Paulista de Vias Férreas e Fluviais, para a sessão de Assembleia Geral de 26 de abril de 1891. São Paulo: Tip. da Companhia Industrial de S. Paulo, 1891.

Relatório n.43 da Diretoria da Companhia Paulista de Vias Férreas e Fluviais, para a sessão de Assembleia Geral de 30 de abril de 1892. São Paulo: Tip. da Companhia Industrial de S. Paulo, 1892.

Relatório n.44 da Diretoria da Companhia Paulista de Vias Férreas e Fluviais, para a sessão de Assembleia Geral de 30 de abril de 1893. São Paulo: Tip. da Companhia Industrial de S. Paulo, 1893.

Relatório n.46 da Diretoria da Companhia Paulista de Vias Férreas e Fluviais, para a sessão de Assembleia Geral de 02 de abril de 1895. São Paulo: Tip. a vapor de Vanorden & C., 1895.

Relatório n.47 da Diretoria da Companhia Paulista de Vias Férreas e Fluviais, para a sessão de Assembleia Geral de 30 de abril de 1896. São Paulo: Tip. da Companhia Industrial de S. Paulo, 1896.

Relatório n.48 da Diretoria da Companhia Paulista de Vias Férreas e Fluviais, para a sessão de Assembleia Geral de 30 de junho de 1897. São Paulo: Tip. a vapor de Vanorden & C., 1897.

Relatório n.49 da Diretoria da Companhia Paulista de Vias Férreas e Fluviais, para a sessão de Assembleia Geral de 30 de junho de 1898. São Paulo: Tip. a vapor de Vanorden & C., 1898.

Relatório n.50 da Diretoria da Companhia Paulista de Vias Férreas e Fluviais, para a sessão de Assembleia Geral de 30 de junho de 1899. São Paulo: Tip. a vapor de Vanorden & Cia., 1899.

Relatório n.51 da Diretoria da Companhia Paulista de Vias Férreas e Fluviais, para a sessão de Assembleia Geral de 30 de junho de 1900. São Paulo: Tip. a vapor de Vanorden & Cia., 1900.

Relatório n.52 da Diretoria da Companhia Paulista de Vias Férreas e Fluviais, para a sessão de Assembleia Geral de 30 de junho de 1901. São Paulo: Tip. a vapor de Vanorden & Cia., 1901.

Relatório n.53 da Diretoria da Companhia Paulista de Vias Férreas e Fluviais, para a sessão de Assembleia Geral de 30 de junho de 1902. São Paulo: Espíndola, Siqueira & Comp., 1902.

Relatório n.54 da Diretoria da Companhia Paulista de Vias Férreas e Fluviais, para a sessão de Assembleia Geral de 30 de junho de 1903. São Paulo: Tip. e Papelaria Vanorden & Cia., 1904.

Relatório n.55 da Diretoria da Companhia Paulista de Vias Férreas e Fluviais,

180 HILÁRIO DOMINGUES NETO

para a sessão de Assembleia Geral de 30 de junho de 1904. São Paulo: Tip. e Papelaria Vanorden & Cia., 1904.

Relatório n. 56 da Diretoria da Companhia Paulista de Vias Férreas e Fluviais, para a sessão de Assembleia Geral de 30 de junho de 1905. São Paulo: Tip. e Papelaria Vanorden & Cia., 1905.

Relatórios dos presidentes de províncias e de estados

GOIÁS. Presidente da Província. Relatório apresentado à Assembleia Legislativa Provincial, em 27 de dezembro de 1880, pelo Presidente da Província, sr. Souza Spínola. Goiás: Tip. Provincial, 1880. (http://wwwcrl.uchicago.edu/info/brazil/index.html)

GOIÁS. Presidente da Província. Relatório apresentado à Assembleia Legislativa Provincial, em 8 de abril de 1886, pelo Presidente da Província dr. Guilherme Francisco Cruz. Goiás: Tip. Provincial, 1886. (http://wwwcrl.uchicago.edu/info/brazil/index.html)

MATO GROSSO. Presidente da Província. Relatório apresentado à Assembleia Legislativa Provincial, em 1º de novembro de 1878, pelo Presidente da Província, dr. João José Pedrosa. Cuiabá: Tip. do Liberal, 1878. (http://wwwcrl. uchicago.edu/info/brazil/index.html)

SÃO PAULO. Presidente da Província. Relatório apresentado à Assembleia Legislativa Provincial pelo Presidente da Província, Miguel de Souza Mello e Alvim, em 7 de janeiro de 1842. São Paulo: Tip. Imparcial de Silva Sobral, 1838. (http://wwwcrl.uchicago.edu/info/brazil/são.html).

SÃO PAULO. Presidente da Província. Relatório apresentado à Assembleia Legislativa Provincial pelo Presidente da Província, José Thomaz D'Araújo, em 1º de maio de 1852. São Paulo: Tip. do Governo, arrendada por Antonio Louzada Antunes, 1852. (http://wwwcrl.uchicago.edu/info/brazil/são.html).

SÃO PAULO. Presidente da Província. Relatório apresentado à Assembleia Legislativa Provincial pelo Presidente da Província, Josino do Nascimento Silva, em 16 de fevereiro de 1853. São Paulo: Tip. Dois de Dezembro, 1853. (http://wwwcrl.uchicago.edu/info/brazil/são.html).

SÃO PAULO. Presidente da Província. Relatório apresentado à Assembleia Legislativa Provincial pelo Presidente da Província, José Antonio Saraiva, em 15 de fevereiro de 1855. São Paulo: Tip. Dois de Dezembro, 1855. (http://wwwcrl.uchicago.edu/info/brazil/são.html).

NAVEGANDO O MOGI-GUAÇU 181

SÃO PAULO. Presidente da Província. Relatório apresentado à Assembleia Legislativa Provincial pelo Presidente da Província, Antonio Roberto d'Almeida, em 15 de fevereiro de 1856. São Paulo: Tip. Dois de Dezembro, 1856. (http:// wwwcrl.uchicago.edu/info/brazil/são.html).

SÃO PAULO. Presidente da Província. Relatório apresentado à Assembleia Legislativa Provincial pelo Presidente da Província, José Joaquim Fernandes Torres, no ano de 1858. São Paulo: s.n., s.d. (http://wwwcrl.uchicago.edu/info/brazil/são.html).

SÃO PAULO. Presidente da Província. Relatório apresentado à Assembleia Legislativa Provincial pelo Presidente da Província, José Joaquim Fernandes Torres, no ano de 1859. São Paulo: s.n. s.d. (http://wwwcrl.uchicago.edu/info/brazil/são.html).

SÃO PAULO. Presidente da Província. Relatório apresentado à Assembleia Legislativa Provincial pelo Presidente da Província, Borges Monteiro, em 25 de abril de 1869. São Paulo: 1869 (AESP - Fotograma 593).

SÃO PAULO. Presidente da Província. Relatório apresentado à Assembleia Legislativa Provincial pelo Presidente da Província, João Theodoro Xavier, em 5 de fevereiro de 1874. São Paulo, Tip. Americana, 1874. (AESP - Fotograma 635).

SÃO PAULO. Presidente da Província. Relatório apresentado à Assembleia Legislativa Provincial pelo Presidente da Província, João Theodoro Xavier, em 14 de fevereiro de 1875. São Paulo, Tip. do Diário, 1875. (AESP - Fotograma 635).

SÃO PAULO. Presidente da Província. Relatório apresentado à Assembleia Legislativa Provincial pelo Presidente da Província, João Alfredo Correia de Oliveira, em 15 de fevereiro de 1886. São Paulo: Tip.a vapor de Jorge Seckler & C.,1886.1) AESP-RP-25; 2) (http://wwwcrl.uchicago.edu/info/brazil/são.html).

SÃO PAULO. Presidente da Província. Relatório apresentado à Assembleia Legislativa Provincial pelo Presidente da Província, Barão do Parnaíba, em 17 de janeiro de 1887. São Paulo: Tip.a vapor de Jorge Seckler & C., 1887. (http://wwwcrl.uchicago.edu/bsd/bsd/1031/index.html).

SÃO PAULO. Estado de. Mensagens apresentadas ao Congresso Legislativo de São Paulo pelos presidentes e vice-presidentes em exercício, desde a Proclamação da República até o ano de 1916. São Paulo, Tip. do Diário Oficial, 1916. Mensagem do Presidente da Província de São Paulo, Bernardino de Campos, em 7 de abril de 1894. (http://wwwcrl.uchicago.edu/info/brazil/são.html)

182 HILÁRIO DOMINGUES NETO

SÃO PAULO. Estado de. Relatório do presidente do estado de São Paulo. Dr Bernardino de Campos, de 07 de abril de 1904. (AESP - RP-30).

Jornais de São Paulo (província e estado)

CARMO, A. J. Estiagem afeta transporte na hidrovia. *O Estado de S. Paulo*. São Paulo: 19 jul. 2000. Agrícola, p.12-3.

JORNAL OPINIÃO LIBERAL, de João Egídio Aranha de Souza, n.55, de 15 de agosto de 1881.Campinas: Opinião Liberal, 1880. (AEL)

Outros documentos

BERTICHEN, P. G. *Rio de Janeiro e seus arrabaldes*. Rio de Janeiro: E. Rensburg, 1857 (Coleção Geyer, Museu Imperial/IPHAN).

BRASIL. IBGE. Séries estatísticas retrospectivas. Rio de Janeiro: IBGE, 1986. Fac-símile: O Brasil, Suas riquezas naturais suas indústrias, v.4: Movimento de imigrantes no Brasil, de 1885 a 1905. (IBGE, agência de São Carlos)

BRASIL. Império. Coleção das leis do Império do Brasil. (FCL)

BRASIL. Império. Ministério dos Negócios da Agricultura, Comércio e Obras Públicas, de 27 de maio de 1879. Rio de Janeiro: s.n., 1879. (AESP - RMA 1880)

BRASIL. Império. Ministério da Agricultura, Viação e Obras Públicas. Relatório do ano de 1887. (http://wwwclr-jukebox.uchicago.edu/bsd/u1973/00439/00439.html).

BRASIL. Império. Ministério da Marinha. Relatório de 1880 e 1881. (http://wwwcrl-jukebox.uchicago.edu/bsd/bsd/u2116/000033.html)

ESTATUTOS da Companhia Paulista de Vias Férreas e Fluviais, reformados em Assembleia Geral celebrada a 26 de agosto de 1883. São Paulo: Tip. a vapor de Jorge Seckler & C., 1883. (MCP)

EXPOSIÇÃO da Diretoria da Companhia Paulista de Vias Férreas e Fluviais à Assembleia Geral Extraordinária, em 10 de dezembro de 1900. São Paulo, Tip. a vapor de Vanorden & C., 1900. 31 p. (MCP)

GODOY, J. F. *A província de São Paulo: trabalho estatístico, histórico e noticioso*. 2ª ed., facsimilada. Introdução e notas de Brasil Bandecchi. São Paulo: Governo do Estado, 1978. (Coleção Paulística; v. 12). (Obs: a obra original foi publicada em 1875).

LAEMERT, E. V. *Almanaque administrativo, mercantil e industrial da Corte e província do Rio de Janeiro e do município de Santos, na província de S. Paulo, para 1882*. Rio de Janeiro: H. Laemert & C., 1882. (SHECS)

NAVEGANDO O MOGI-GUAÇU 183

MELLO, F. V. *Memorial sobre o curso dos rios Pardo, Mogi-Guaçu e possibilidade de sua navegação. Apresentado ao Exmo. Governo da Província [de São Paulo].* São Paulo: Tip. Imparcial de J. R. de Azevedo Marques, 1859. 31p. (Biblioteca Central Unicamp - obras raras).

MÜLLER, D. P. *Ensaio d'um quadro estatístico da província de São Paulo.* 3ª ed., facsimilada. Introdução de Honório de Sylos. São Paulo: Governo do Estado, 1978 (A obra original foi publicada em 1838).

Bibliografia

BACELLAR, C. A. P. Uma rede fundiária em transição. In: BACELLAR, C. A. P.; BRIOSCHI, L. R. (Org.). *Na estrada do Anhanguera: uma visão regional da história paulista.* São Paulo: Humanitas FFLCH/USP, 1999a. p.91-117.

_____. O apogeu do café na Alta Mogiana. In: BACELLAR, C. A. P.; BRIOSCHI, L. R. (Org.). *Na estrada do Anhanguera: uma visão regional da história paulista.* São Paulo: Humanitas FFLCH/USP, 1999b. p.117-63.

BASTOS, A. D. J. *Lendas e tradições da família Junqueira.* 2.ed. Ribeirão Preto: s. n., 1999.

BELLUZ, C. A. D. B. *Santa Rita do Passa Quatro: imagens da época do café.* São Paulo: Cartgraf, 1991.

BESOUCHET, L. *Mauá e seu tempo.* Rio de Janeiro: Nova Fronteira, 1978.

BIANCHI, R. et al. (Coord). *Barão de Mauá, empresário e político.* Reedição fac-similar da 1ª ed. (1878) do livro. São Paulo: Bianchi, 1987.

BRAGA, A. C. V.; DOMINGUES NETO, H. (Org.) *A navegação dos rios Mogy-guassú e Pardo (transporte fluvial - 1883-1903).* São Carlos: Asser, 1999. (Série Documentos, 3)

BRASIL. Conselho Nacional de Transportes. *Planos de Viação: evolução histórica (1808-1973).* Rio de Janeiro: Ministério dos Transportes, 1973. 554p.

BRAUDEL, F. *Civilização material, economia e capitalismo, séculos XV-XVIII:* as estruturas do cotidiano – o possível e o impossível. Trad. Telma Costa. São Paulo: Martins Fontes, 1995. v.1.

_____. *Civilização material, economia e capitalismo, séculos XV-XVIII:* O jogo das trocas. Trad. Telma Costa. São Paulo: Martins Fontes, 1996. v.2.

BRIOSCHI, L. R. Fazendas de criar. In: BACELLAR, C. A. P.; BRIOSCHI, L. R. (Org.) *Na estrada do Anhanguera: uma visão regional da história paulista.* São Paulo: Humanitas FFLCH/USP, 1999. p.55-89.

184 HILÁRIO DOMINGUES NETO

BRUNO, E. S. *Viagem ao país dos paulistas*: ensaio sobre a ocupação da área vicentina e a formação de sua economia e de sua sociedade nos tempos coloniais. Rio de Janeiro: José Olímpio, 1966. (Documentos brasileiros, 123)

CALIMAN, A. A. (Coord) *Assembleia Legislativa. Legislativo paulista:* Parlamentares, 1835-1998. *São Paulo:* Imprensa Oficial, 1998.

CAMARGO, J. F. Crescimento da população no Estado de São Paulo e seus aspectos econômicos: ensaio sobre as relações entre a demografia e a economia. *Boletim Economia Política e História das Doutrinas Econômicas,* n.153/1, São Paulo, 1952.

CANO, W. *Raízes da concentração industrial em São Paulo.* 2.ed. São Paulo: T. A. Queiroz, 1983.

CARRATO, J. F. *Igreja, iluminismo e escolas mineiras coloniais:* notas sobre a cultura da decadência mineira setecentista. São Paulo: Cia. Editora Nacional, 1968. (Brasiliana, v.334)

CARVALHO, F. V. M. *Estudo de portos no Brasil (Ensaio).* Rio de Janeiro: Tip. Jornal do Comércio Rodrigues & C., 1930.

CASTRO, T. *Retrato do Brasil: Atlas - texto de geopolítica.* Rio de Janeiro: Bibliex, 1986.

CHIACHIRI, J. *Do sertão do rio Pardo à vila de Franca do Imperador.* Ribeirão Preto: Ribeira, 1982.

CIPOLLARI, P. *O problema ferroviário no Brasil.* São Paulo: USP/FCEA, 1968.

CUNHA MATTOS, R. J. *Geografia histórica da província de Minas Gerais (1837).* Belo Horizonte: Itatiaia; São Paulo: Edusp, 1981. v.2. "Reconquista do Brasil".

DEAN, W. *Rio Claro: um sistema brasileiro de grande lavoura, 1820-1920.* Trad. Waldívia Portinho. Rio de Janeiro: Paz e Terra, 1977.

DELFIM NETTO, A. *O problema do café no Brasil.* Rio de Janeiro: Fundação Getúlio Vargas; Ministério da Agricultura; Suplan, 1979.

DOMINGUES NETO, H. Café, ferrovia e hidrovia no Oeste Paulista: articulações da política de transportes (1883-1903). In: III CONGRESSO BRASILEIRO DE HISTÓRIA ECONÔMICA – IV CONFERÊNCIA INTERNACIONAL DE HISTÓRIA DE EMPRESAS, Curitiba, 1999. *Anais...* Curitiba: UFPR; ABPHE, 1999, p.4 (CD-rom).

DOMINGUES NETO, H. et al. Subsídios para uma pesquisa em história: A companhia de Navegação do Mogi-Guaçu (Resumo). In: CONGRESSO DE INICIAÇÃO CIENTÍFICA, I, Centro de Ensino Superior de São Carlos (Asser). São Carlos: Asser, 1996.

NAVEGANDO O MOGI-GUAÇU 185

ELLIS JÚNIOR, A. *Tenente-coronel Francisco da Cunha Bueno: pioneiro da cafeicultura no Oeste Paulista*. São Paulo: USP/FFCL, 1960.

FAORO, R. *Os donos do poder*: formação do patronato político brasileiro. 10.ed. São Paulo: Globo; Publifolha, 2000. v.2 "Grandes nomes do pensamento brasileiro".

FERREIRA, J. B. M. *Vapores, encouraçados e monitores*: uma indústria estatal no Arsenal de marinha da Corte (1850 - 1890). Rio de Janeiro, 1990. 107p. Dissertação (Mestrado em História) – Instituto de Filosofia e Ciências Sociais, Universidade Federal do Rio de Janeiro.

FIGUEIRÔA, S. F. M. *Modernos bandeirantes: a Comissão Geográfica e Geológica de São Paulo e a exploração científica do território paulista (1886-1931)*. São Paulo, 1987. Dissertação (Mestrado) – Faculdade de Filosofia, Letras e Ciências Humanas, Universidade de São Paulo.

FRAGOSO, J. L. R. A região Centro-Oeste: pecuária extensiva, agricultura de alimentos e formas de trabalho livre não-assalariado. In: LINHARES, M. Y. L. (Org.) *História Geral do Brasil*. 6.ed. Rio de Janeiro: Campus, 1990.

_____. *Homens de grossa aventura*: acumulação e hierarquia na praça mercantil do Rio de Janeiro (1790-1830). 2.ed. Rio de Janeiro: Civilização Brasileira, 1998.

GAETA, M. A. J. V. *A flor do café e o caldo de cana*: os caminhos de Sinhá e Quito Junqueira. Ribeirão Preto: Fundação Sinhá Junqueira/Editora Vitória/Uberaba/MG, 1998.

GARCIA, L. B. R G. Imagens do passado; café, ferrovia e a cidade de Rio Claro. *Geografia*, Rio Claro, v.19, n.2, p.149-66, outubro 1994.

GIESBRECHT, M. R. *A Estrada do Mogy-Guassú – A história dos ramais ferroviários de Descalvado e Santa Veridiana*. s. l.: s. n., s. d.

GOBATTO, O. O. *Mutualismo e resistência operária em Araraquara*. Araraquara, 1997. 179p. Dissertação (Mestrado em Sociologia) – Faculdade de Ciências e Letras, Universidade Estadual Paulista.

GOULART, J. A. *Brasil do boi e do couro*. Rio de Janeiro: GRD, 1965.

HARDMAN, F. F. *Trem fantasma: a modernidade na selva*. São Paulo: Cia. das Letras, 1988.

HOLANDA, S. B. *Monções*. 2.ed. São Paulo: Alfa-Ômega, 1976.

KERBAUY, M. T. M. *Poder político local do coronelismo ao populismo* (Um estudo de caso: São Carlos). São Paulo, 1979. 189p. Dissertação (Mestrado em Ciências Sociais - Política) – Faculdade de Filosofia, Ciências e Letras de São Bento, Universidade Católica de São Paulo.

LAMOUNIER, M. L. Ferrovias, agricultura de exportação e mão-de-obra no Brasil do século XIX. In: HISTÓRIA ECONÔMICA & HISTÓRIA DE EMPRESAS, São Paulo, III.1, 2000. São Paulo: Hucitec/ABPHE, 2000. 168p.

186 HILÁRIO DOMINGUES NETO

LANNA, A. L. D. Os trabalhadores da Companhia Paulista de Estradas de Ferro, 1870-1920. In: *Anais do III Congresso Brasileiro de História Econômica e IV Conferência Internacional de História de Empresas*, 1999. Curitiba: UFPR/ABPHE, 1999. (Em Cd-rom).

LAPA, J. R. A. *A Bahia e a carreira da Índia*. São Paulo: Cia. Editora Nacional, 1968.

_____. *Economia colonial*. São Paulo: Perspectiva, 1973.

LEMOS, A. *História de Araraquara*. São Paulo: Tip. Fonseca, s. d.

LIMA, H. F. *História político-econômica e industrial do Brasil*. São Paulo: Cia. Editora Nacional, 1970.

MADUREIRA, M. da A. *Cronologia histórica da Sesmaria do Pinhal*: formação da cidade de São Carlos. São Paulo; São Carlos: Associação Pró-Casa do Pinhal, 1999. p.13-29.

MARTINS, A. L. (Coord.) *Guariba, 100 anos: 1895-1995*. São Paulo: Prefeitura Municipal de Guariba; Cia. Ed. Melhoramentos, 1996

MARTINS, J. S. *Fronteira e degradação do outro nos confins*. São Paulo: Hucitec, 1997.

MARTINS, R. S.; CAIXETA FILHO, J. O desenvolvimento dos sistemas de transporte: auge, abandono e reativação recente das ferrovias. *Teor. Evid. Econ*. Passo Fundo, l, v.6, n.11, novembro de 1968.

MARTINS, R. V. *Pontal histórico: história para os pontalenses*. São Paulo: Latina, 1987. (Nossa Terra e Nossa Gente, 1)

MATOS, O. N. *Café e ferrovias: a evolução ferroviária de São Paulo e o desenvolvimento da cultura cafeeira*. 3.ed. São Paulo: Arquivo do Estado, 1981. 178p. (Coleção Monografias, 3)

MATTOS, C. M. *Brasil, geopolítica e destino*. Rio de Janeiro: Bibliex/José Olympio, 1975.

MONBEIG, P. *Pioneiros e fazendeiros de São Paulo*. Trad. Ary França e Raul de Andrade e Silva. São Paulo: Hucitec/Polis, 1984.

MONTEIRO, H. M. O aprofundamento do regionalismo e a crise liberal. In: LINHARES, M. Y. (Org) *História geral do Brasil*. 6.ed. Rio de Janeiro: Campus, 1990.

MORAZÉ, C. *Os burgueses à conquista do mundo, 1780-1895*. Trad. Maria Antonieta M. Godinho. Lisboa; Rio de Janeiro: Cosmos, 1965.

MOTTA SOBRINHO, A. *A civilização do café (1820-1920)*. São Paulo: Brasiliense, s. d.

MOTOYAMA, S. (Coord.) *Tecnologia e industrialização no Brasil*: uma perspectiva histórica. São Paulo: Edusp/Centro Estadual de Educação Tecnológica Paula Souza, 1994. (Biblioteca básica)

NAGAMINI, M. Engenharia e técnicas de construções ferroviárias e portuárias no Império. In: VARGAS, M. (Org) *História da técnica e da tecnologia no Brasil*. São Paulo: Edusp: Centro de Educação Tecnológica Paula Souza, 1994. (Biblioteca básica)

NASCIMENTO, L. M. *As charqueadas em Mato Grosso*: subsídio para um estudo de história econômica. Assis, 1992, 195p. Dissertação (mestrado em História) – Faculdade de Ciências e Letras, Universidade Estadual Paulista.

OLIVEIRA, L. L. *Economia e história em Franca: século XIX*. Franca: Unesp-FHDSS; Amazonas Prod. Calçados S/A, 1997.

OWEN, W. *Estratégia para os transportes*. Trad. David Hastings. São Paulo: Pioneira, 1975.

PINTO, A. A. *Minha vida (Memórias de um engenheiro da Paulista)*. São Paulo: Governo do Estado, Conselho Estadual de Cultura, Imprensa Oficial do Estado, 1970.

_____. *História da viação pública de São Paulo*. Introdução e notas de Célio Debes. 2.ed. São Paulo: Governo do Estado, 1977. (Paulística, 2)

PONTES, H. *História de Uberaba e a civilização do Brasil central*. Minas Gerais: Academia de Letras do Triângulo Mineiro/Artes Gráficas, 1978.

PRADO JÚNIOR, C. *História Econômica do Brasil*. 28.ed. São Paulo: Brasiliense, 1983.

_____. *Formação do Brasil contemporâneo*. São Paulo: Brasiliense; Publifolha, 2000.

QUEIROZ, P. R. C. *As curvas do trem e os meandros do poder*: o nascimento da Estrada de Ferro Noroeste do Brasil (1904-1908). Assis, 1998. 255p. Dissertação (Mestrado em História e Sociedade) – Faculdade de Ciências e Letras, Universidade Estadual Paulista.

REVISTA FERROVIÁRIA. *Risco, mas com garantia de juros*. Suplemento Edição Especial, s. l., abril, 1997, p.5-13.

ROCHA, O. rio Mogi-Guaçu. *Revista do Centenário de Porto Ferreira*, 1896-1996, Porto Ferreira, p,17, 1996.

RODRIGUES, M. (Pesq./texto) *Mogi-Guaçu: o curso de um rio*. São Paulo, Metalivros, 1999. 143p. (Promoção da Champion Papel e Celulose Ltda.)

SAES, F. A. M. *As ferrovias de São Paulo: Paulista, Mogiana e Sorocabana (1870-1940)*. São Paulo, 1974, 273p. Dissertação (mestrado em História) – Faculdade de Filosofia, Letras e Ciências Humanas, Universidade de São Paulo.

_____. *As ferrovias de São Paulo, 1870-1940*: expansão e declínio do transporte ferroviário em São Paulo. São Paulo: Hucitec; Brasília: INL, 1981. 199p.

188 HILÁRIO DOMINGUES NETO

_____. Estradas de ferro e diversificação da atividade econômica na expansão cafeeira em São Paulo, 1870-1900. In: SZMRECSÁNYI, T.; LAPA, J. R. A. *História econômica da independência e história do Império*. São Paulo: Hucitec/ Fapesp, 1996.

SALLUN JÚNIOR, B. *Capitalismo e cafeicultura: Oeste Paulista, 1888-1930*. São Paulo: Duas Cidades, 1982. (História e sociedade)

SAMPAIO, T. *São Paulo no século XIX e outros ciclos históricos*. São Paulo; Petrópolis: Vozes; Secretaria da Cultura, Ciência e Tecnologia, 1978.

SÃO PAULO. Governo do Estado. *Ferrovias Paulista S/A. 120 anos de ferrovia paulista. 1872-1992*. São Paulo: Imprensa Oficial do Estado, 1992.

SEGNINI, L. R. P. *Ferrovia e ferroviários: uma contribuição para a análise do poder disciplinar na empresa*. São Paulo: Autores Associados; Cortez, 1982.

SELDON, A.; PENNANCE, F. G. *Dicionário de economia*. 4.ed. Trad. Nelson de Vincenzi. Rio de Janeiro: Bloch, 1983.

SILVA, C. P. *Política e legislação das estradas de ferro*. São Paulo: Laemmert, 1904. 2v.

SILVA, G. C. Política de transportes. *Revista de Administração Pública*, Rio de Janeiro, v.8, n.1, janeiro/maio 1974.

SILVA, S. *Expansão cafeeira e origens da indústria no Brasil*. 6.ed. São Paulo: Alfa-Ômega, 1985.

SIMONSEN, R. C. *História econômica do Brasil (1500-1820)*. 8.ed. São Paulo: Ed. Nacional, 1978.

TRUZZI, O. M. S. *Café e indústria: São Carlos, 1850-1950*. São Carlos: Arquivo de História Contemporânea; UFSCar, 1986. (Monografia, 1)

VIANNA, H. *História do Brasil. Período Colonial*. 6.ed. São Paulo: Melhoramentos, 1967. v.1.

VIOTTI DA COSTA, E. *Da senzala à colônia*. São Paulo: Difel, 1966. (Corpo e Alma do Brasil)

VUGMAN, G. *A Companhia Mogiana de Estradas de Ferro e Navegação (1872-1914)*: subsídios para estudo de uma estrada de ferro paulista. São Paulo, 1976. 230p. Dissertação (Mestrado em História) – Faculdade de Filosofia, Letras e Ciências Humanas, Universidade de São Paulo.

ZAMBONI, M. C. *A Mogiana e o café: contribuições para a história da estrada de ferro*. Franca, 1993. Dissertação (Mestrado em História) – Faculdade de História, Direito e Serviço Social, Universidade Estadual Paulista.

ZEMELLA, M. P. *O abastecimento da capitania de Minas Gerais no século XVIII*. São Paulo, 1951. Tese (Doutoramento) – Faculdade de Filosofia, Ciências e Letras, Universidade de São Paulo.

SOBRE O LIVRO

Formato: 14 x 21 cm
Mancha: 23,7 x 42,5 paicas
Tipologia: Horley Old Style 10,5/14
Papel: Offset 75 g/m² (miolo)
Cartão Supremo 250 g/m² (capa)
1ª edição: 2009

EQUIPE DE REALIZAÇÃO

Coordenação Geral
Marcos Keith Takahashi